日常の授業で学ぶ

情報モラル

編集代表　中村 祐治

吉澤 良保●篠原 正敏●中田 朝夫●三浦 匡 編

教育出版

まえがき

　固定電話の加入件数が5000万件になるまでには約90年かかったが，携帯電話は15年で達している。携帯電話のインターネットサービスは，1999年の開始からわずか3年で契約数5000万件を超えた。インターネットは，日本で商用利用できるようになった1991年からわずか11年で利用者数が5000万人を突破した。

　急激な情報技術の進展に，子どもたちがそのメリットを積極的に生かすプラス面を頼もしく感じつつも，インターネットや携帯電話の電子メールなどを介して誹謗や中傷が深く潜行しながらあっという間に学級や学校に広まってしまったり，こうした機器等を通じて子どもたちがトラブルに巻き込まれる危険が増大していることなど，マイナス面の実態を目のあたりにして，教師だれもが情報モラル教育の必要性を感じていると思う。

　しかし，教師自身が学校教育で学習してこなかった，あるいは子ども時代に経験してこなかった内容を授業実践することに対する躊躇があったり，場合によっては子どものほうが教師よりも知識をもっていることにためらいを感じたり，また現状では学習指導要領に明確に示されていないこともあって，その必要性を感じつつも指導しないままになっている実態が少なからずあると思われる。

　そこで本書は，情報化社会に生きるため必須となる情報モラル教育を，教師だれもが気軽な気持ちで授業実践できる指針となるよう，次のような基本方針に基づいて編集した。

> ○情報モラル教育の内容からのトップダウンでなく，日常の生活・学習の素材から学ぶボトムアップで授業実践できる。
> ○コンピュータ教室でなく，普通教室で授業実践できる。
> ○コンピュータやインターネットに詳しくなくとも授業実践できる。
> ○押しつけの指導でなく，子ども自身が自分で「なぜ」を考えた授業実践ができる。

　この編集の基本方針に沿うため，各執筆者には次のことを心がけて執筆していただいた。

> ○専門用語は極力避け，できるだけ一般用語を用いるようにした。
> ○情報モラル学習のための時間を特別に設けるのではなく，道徳の時間，教科，総合的な学習の時間などで無理なく実践できるモデルを示した。
> ○授業はコンピュータやインターネットに詳しくない先生方にしていただいた。
> ○授業実践した指導案を，どの学校でも実践できる一般化した展開モデル例として示した。

　本書をご活用いただくことで，子どもたちが情報化社会に生きていく力を身につけていくとともに，互いの信頼関係の基盤であるコミュニケーション能力や表現能力を育むことで，「いじめ」などのない，どの子どもにとっても豊かな学校生活が過ごせることにもつながることを祈っている。

編集代表　中村祐治

まえがき

I章 「日常生活」がキーワード

1 「日常生活」をキーワードにして情報モラルを学ぶ ……… 2
2 「日常生活」から接近するメリット ……… 3
3 セキュリティ学習も必要であるが「なぜ」を学ぶ ……… 4
4 具体的な指導場面 ……… 6
　(1) 日常生活を扱う授業場面と素材の教材化の関係 ……… 6
　(2) 各授業のねらい達成と扱う情報モラルの関係 ……… 7
5 情報モラルの内容──「なぜ」の内容 ……… 8
6 道徳教育のモラルと情報教育のモラルの違い ……… 9
　(1) 現状の情報モラルは ……… 9
　(2) 日常生活と絡めた情報モラル ……… 10
　(3) 日常生活と絡めた情報モラルの指導場面 ……… 10
7 全体計画をどう考えるか ……… 11
　(1) 全体計画の必要性 ……… 11
　(2) 学校組織内で教師間の分担を確認する全体計画 ……… 12
　(3) 全体計画はボトムアップ ……… 12
　(4) 全体計画の参考例 ……… 13

II章 道徳の時間で情報モラルを学ぶ
―― 日常の素材から情報モラルの"なぜ"を考える ――

1 授業展開のポイント ……… 16
　(1) 日常生活にある素材を探す ……… 16
　(2) 授業構成を工夫する ……… 16
　(3) 話し合い活動を組み込む ……… 17

(4)「なぜ」の判断基準を組み込む ……………………………………………………………… 17
2　道徳のねらいと情報モラルの関係 ……………………………………………………………… 18
　(1)　エチケット・マナー・ルールに関した広い情報モラル素材 ……………………………… 18
　(2)　一般項目に関した情報モラル素材の扱い方 ………………………………………………… 18
　(3)　情報モラル素材の組み込み方法 ……………………………………………………………… 19
　(4)　日常生活の素材例 ……………………………………………………………………………… 19
3　授業をどう構成するか —— エチケット・マナー・ルール項目 …………………………… 20
　(1)　素材の教材化の手順 …………………………………………………………………………… 20
　(2)　教材のモデルイメージ例 ……………………………………………………………………… 21
4　授業をどう構成するか —— 一般項目 ………………………………………………………… 28
　(1)　素材の教材化の手順 …………………………………………………………………………… 28
　(2)　関係する内容項目 ……………………………………………………………………………… 29
　(3)　教材化の手順イメージ ………………………………………………………………………… 29
　(4)　教材のモデルイメージ例 ……………………………………………………………………… 30
5　授業の展開モデル例 ……………………………………………………………………………… 33

　展開モデル例①　(小6　道徳)
　仲良しの友達から届いた怒りのメールをめぐって
　　—— 友人とのトラブルからコミュニケーションを考える ………………………………… 33

　展開モデル例②　(小5　道徳)
　ホームページに載せた友達の写真
　　—— ネット上の個人情報の扱い …………………………………………………………… 41

　展開モデル例③　(小6　道徳)
　信じる？　信じない？
　　—— 情報の特性を理解し，責任をもった情報の発信・受信の仕方を学ぶ ……………… 50

　展開モデル例④　(中1　道徳)
　優先席での携帯電話
　　—— マナーの大切さを考える ……………………………………………………………… 58

　展開モデル例⑤　(中学　道徳)
　ケータイに振りまわされないために
　　—— 携帯電話と生活習慣 …………………………………………………………………… 66

Ⅲ章　総合的な学習の時間で情報モラルを学ぶ
—— 情報化社会の現実と向き合う ——

1　総合的な学習の時間と情報モラルの関係 ……………………………………………………… 76
　(1)　情報機器の基礎学習を通しての情報モラル ………………………………………………… 76

（2）総合的な学習の時間の学習の流れに情報モラルを組み込む場合 ……………… 76
　（3）児童・生徒が課題に情報モラルを選んだ場合 ……………… 77
　（4）総合的な学習の時間を活用して情報モラルを学習する場合 ……………… 77
2　学習活動の各段階で押さえる情報モラル ……………… 78
　（1）各段階の学習で必要な情報収集に関する情報モラル ……………… 78
　（2）目的に応じた情報の処理や利用に関する情報モラル ……………… 78
　（3）学習成果の情報の蓄積や発信に関する情報モラル ……………… 79
3　授業の展開モデル例 ……………… 80

　展開モデル例①　（小3～4　総合）
　　情報メディアの特質を踏まえたインターネット活用のルール ……………… 80

　展開モデル例②　（小6　総合）
　　電子掲示板を使って「相手の見えないコミュニケーション」を体験しよう
　　──インターネットでのコミュニケーションのマナーやルールを身につける ……………… 84

　展開モデル例③　（小6　総合）
　　卒業研究
　　──具体的な活動を通して情報の収集・公開に関するモラルを学ぶ ……………… 92

　展開モデル例④　（中1　総合）
　　基礎学習（リテラシー学習）として情報モラルを学習する ……………… 96

　展開モデル例⑤　（中1～3　総合）
　　ケイタイプロジェクト
　　──真の「メディアリテラシー」を身につけることを目指して ……………… 102

Ⅳ章　教科学習で情報モラルを学ぶ
── 日常の教科指導で使える「ユニット」学習 ──

1　教科学習に「ユニット」として組み込む ……………… 110
　（1）ユニットとは ……………… 110
　（2）授業への組み込みとは ……………… 110
　（3）想定される教科は ……………… 110
2　教科学習に学習ユニットを組み込む手順 ……………… 111
3　学習ユニットが組み込める教科内容 ……………… 112
4　教科に組み込める情報モラル学習ユニットの例 ……………… 116
　（1）情報を収集する場面（調べ学習等）で使える学習ユニットの例 ……………… 116
　（2）レポート作成（作品制作）場面で使える学習ユニットの例 ……………… 119
　（3）発表場面で使える学習ユニットの例 ……………… 121

(4)　情報発信で使える学習ユニットの例 ………………………………………… 122
　　(5)　さまざまな場面で使える学習ユニットの例 ……………………………… 124
5　授業の展開モデル例 127

- 展開モデル例① （小5　算数）
  三角形の面積の求め方 ……………………………………………………………… 127

- 展開モデル例② （小5　社会）
  学習のまとめ「○○新聞」を作ろう …………………………………………… 128

- 展開モデル例③ （小4　図工）
  共同作品を作ろう …………………………………………………………………… 130

- 展開モデル例④ （中1　国語）
  友達の情報を活用する ……………………………………………………………… 132

- 展開モデル例⑤ （中3　社会）
  「まちづくり」の新プランを考えよう！ ………………………………………… 133

- 展開モデル例⑥ （中2　数学）
  確率「内閣支持率は正しいのか」（発展学習） ………………………………… 134

- 展開モデル例⑦ （中3　理科）
  科学技術とわたしたちの生活 ……………………………………………………… 135

- 展開モデル例⑧ （中1　音楽）
  合唱曲をWeb上で探してみよう …………………………………………………… 136

- 展開モデル例⑨ （中2・3　美術）
  さまざまな技法を使う〜コラージュ …………………………………………… 137

- 展開モデル例⑩ （中学　保健体育）
  体力測定 ………………………………………………………………………………… 138

- 展開モデル例⑪ （中1　技術・家庭）
  衣服を買おう
  ──店舗販売と通信販売とを比較しよう ………………………………………… 140

- 展開モデル例⑫ （中2　外国語）
  ビデオメッセージ作り ……………………………………………………………… 141

Ⅴ章　技術・家庭で情報モラルを学ぶ
── ITの特質に迫る ──

1　「情報に関する技術」での情報モラル学習 ……………………………………… 144
2　「情報モラル」そのものを題材として扱う場合 ……………………………… 146

3 「材料と加工に関する技術」で情報モラルの学習 …………………………………………… 147
4 授業での指導のポイント ………………………………………………………………………… 148
　（1）ワークノートを準備し活用する ………………………………………………………… 148
　（2）話し合い活動を組み入れる ……………………………………………………………… 149
　（3）体験できる仕掛けを準備する …………………………………………………………… 149
5 授業の展開モデル例 ……………………………………………………………………………… 150

　展開モデル例①　（中1　技術・家庭）
　　インターネットの情報収集の例
　　　── 収集した情報の信頼性について考える ……………………………………………… 150

　展開モデル例②　（中1　技術・家庭）
　　チェーンメールを素材にネットを通したコミュニケーションを扱う例
　　　── 電子メールを活用したコミュニケーションの便利さと危険について考える …… 153

　展開モデル例③　（中1　技術・家庭）
　　電子掲示板を使いながら匿名性を扱う例
　　　── 電子掲示板を活用して情報モラルを考える ………………………………………… 156

　展開モデル例④　（中1～3　技術・家庭）
　　卓上ボール盤の安全な利用の場面で，インターネットの安全を扱う例
　　　──「技術とものづくり」で情報モラルをユニットとして扱う ……………………… 159

I章 「日常生活」がキーワード

　携帯電話など子どもを取り巻く情報環境に起因する問題行動を目のあたりにして，情報モラルについて指導していく必要性を感じる教師は多い。しかし，IT（情報技術）に関する専門的な知識がないなどの理由から，実践に踏みきることを躊躇する教師も多いと聞く。

　I章では，専門的な知識がなくとも，教師であれば誰もが情報モラルを指導できる方法を提案していくこととする。

　キーワードは「日常生活」であり，これが情報モラルを「普通教室で指導できる」「道徳の時間で容易に指導できる」方法へとつながっていく。

1 「日常生活」をキーワードにして情報モラルを学ぶ

「日常生活」がキーワードとは,「情報モラル」という指導内容からトップダウン的に学習するのではなく,児童や生徒が日常生活で身近に感じている情報環境に起因する問題の素材を教材化したり,教科内容に情報モラルの内容を加味したりして学習していくボトムアップ的な方法である。

トップダウン的な方法は「守るべき,してはいけない」的な学習になるのに対して,ボトムアップ的な方法は「なぜ,だから,どうしたらよいだろう」と自ら考えさせる学習方式になる。

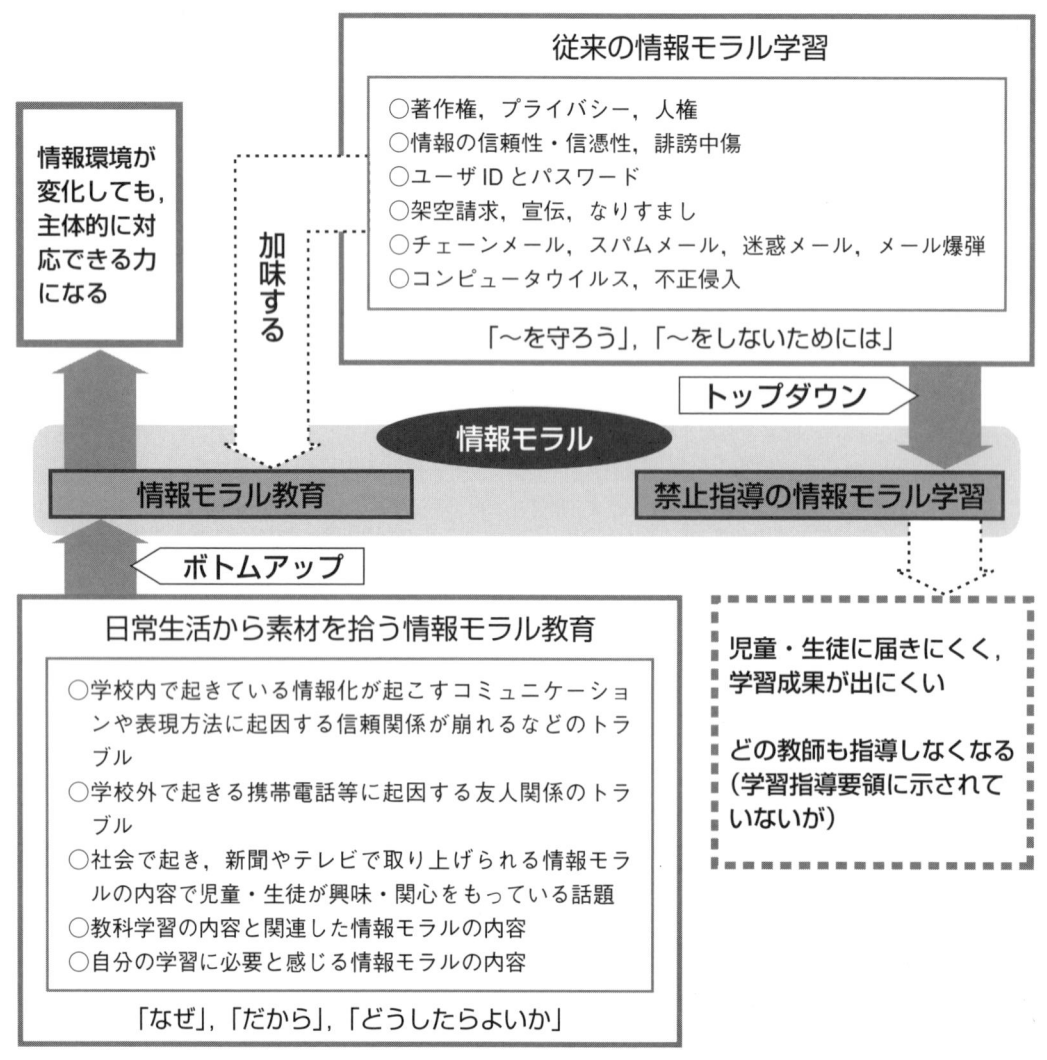

図1　情報モラルのボトムアップ的とトップダウン的

2 「日常生活」から接近するメリット

　学校や社会生活などの日常生活で起きている情報に関する問題や現象から素材を拾い，あるいは教科の学習内容と関連させるなど，扱う授業時間のねらいに沿って「情報モラル」に関したことを付加させ教材化していく指導手法には，次に示すメリットがある。

①**どの児童・生徒にとっても親しみやすい学習にすることができる**
　情報モラルは，コンピュータが好きな特別な人に関係する問題で，自分は関係ない問題だからと考えている児童や生徒にとって，日常生活や教科の学習内容と関連させることにより，自分自身にも関係が深いと意識させるようにして学習に興味・関心を喚起しやすくなる。

②**コンピュータや情報が不得意の教師でも指導することができる**
　情報モラルから接近する方法は，コンピュータやインターネットの利用法が不得意だ，新聞紙面を賑わしている「架空請求」「迷惑メール」「コンピュータウイルス」はよくわからず，教材研究するには予備知識や技能がないからと，情報モラルの必要性を認めながらも指導を敬遠したいと思っている教師にとって，ボトムアップ的な指導は，教師の誰もが指導可能となる。

③**学校時代に情報教育を学習しなかった教師でも指導することができる**
　社会を騒がせたウィニーによるプライバシー情報漏洩，偽メール問題で国会混乱，クリック一瞬で400億円の損失などの問題は，学校教育で体系的に総合的な情報モラルにかかわる教育を受けてこなかった大人に起きている問題だと想定できる。
　日常生活から接近するボトムアップ的な指導は，学生時代に学習してこなかったり，子どものころに実体験してこなかった現象も，教育の専門家であるプロの教師であれば誰もが教育の問題として扱うことができる。

④**普通教室でも学習することができる**
　情報モラルの学習だからコンピュータ教室でコンピュータを使って授業をするのではなく，日常的な素材を扱うことで普通教室で学習することができるようになる。

⑤**情報環境が変化しても通用する学力を養うことができる**
　「架空請求，宣伝，なりすまし，迷惑メール，コンピュータウイルス」などは，時々刻々と変化し，それらへの対処法を主題にして学習しても，関係法案が整備して問題が沈静化して新たな被害が発生するなど，すぐ情報環境の状況が変化して使えない学習になるおそれがある。日常生活で起きる，表現方法やコミュニケーションの行き違いで起きるトラブルは，いつの時代にも起こりうる。例えば，道徳などの内容項目のねらいに迫る主題の設定で，日常生活で起こりうる問題を情報化と絡めて扱えば，情報手段や情報モラルの諸現象が変化しても通用できる学力が形成できる。

3 セキュリティ学習も必要であるが「なぜ」を学ぶ

　現状の情報モラルの指導は，インターネットで被害にあわせないようにする，児童・生徒を被害から守る，危険なサイトに近づけないようにするなど，「～すべき」「～べからず」の対症療法的な狭い意味の安全指導の色彩が強い。

　安全指導面からの学習は，当面流行している現象から児童・生徒を守る，遠ざける点で大切な側面をもつ。当面児童・生徒を守る必要のある緊急性のある問題に関しては，安全指導として学校全体や学年などで特設の時間を設けて指導するのが効果的である。

　しかし，次の図に示すように，インターネットを利用した被害は流行性があり，今日安全教育の対象とした現象が明日には消えて別の現象が現れたり，一つの現象が起こるとそのためのルールが確立したりする「いたちごっこ」状態で，指導したことが後に役立たない対症療法的な指導になるおそれが起こりうる。

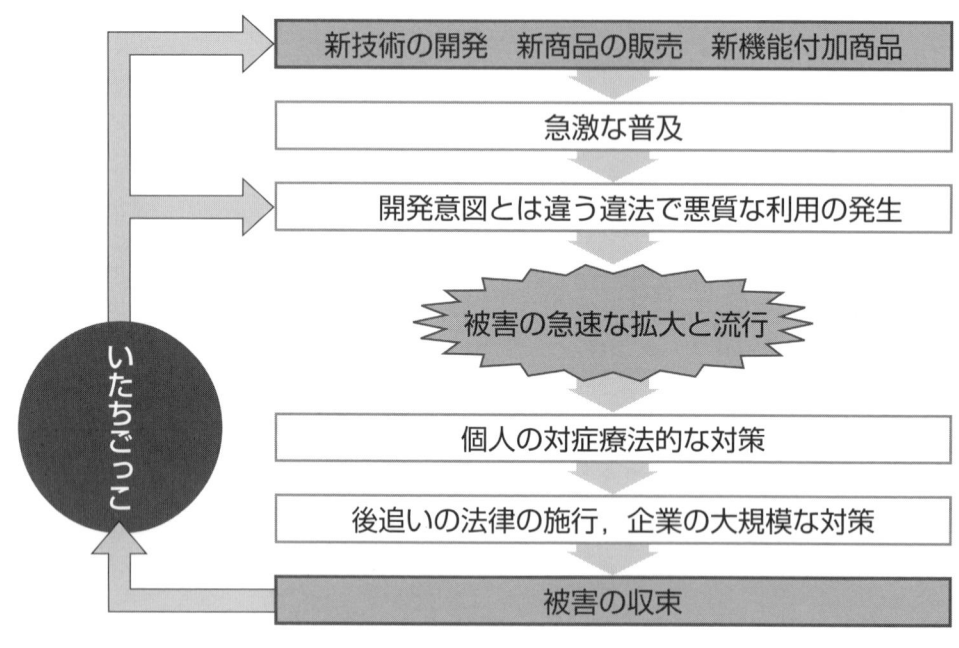

図2　「いたちごっこ」のイメージ

　また，指導する際，あまりにも急激な変化を遂げる現象への被害に対して，社会の動向をよく見ていないと教材にすることが困難であり，誰もが指導することに難しさをともなう。

　なにより，義務教育の目的は，誰にも必要な素養を身につける人格形成にあるのであるから，諸現象への対応や対症療法的指導でなく，根本的な考えを含んだモラル教育が必要である。これは，広い意味での安全教育となる。

3 ● セキュリティ学習も必要であるが「なぜ」を学ぶ

　たしかに，流行している現象に対する十分な情報をもたずに近づくと，知らず知らずに加害者になったり，大きな被害を被ることになるため，緊急避難的に安全指導として押さえる必要はある。

　しかし，インターネットを利用した被害は，図2や図3で示すように，流行性があり，安全指導した影や悪の現象が明日には消えて別の現象が現れたりする「いたちごっこ」状態で，狭い対処法を指導しても，将来へつながる学力とはなりえない心配がある。

　そこで，流行している現象は扱うが，主体的な判断の根拠となるインターネットやコンピュータの特質の理解を取り入れ，最終的に，「なぜ」「だから」「どうしたらよいだろう」と児童・生徒自らが考え，情報化社会で主体的に対応できる考え方や態度が身につくようにすることが大切になる。

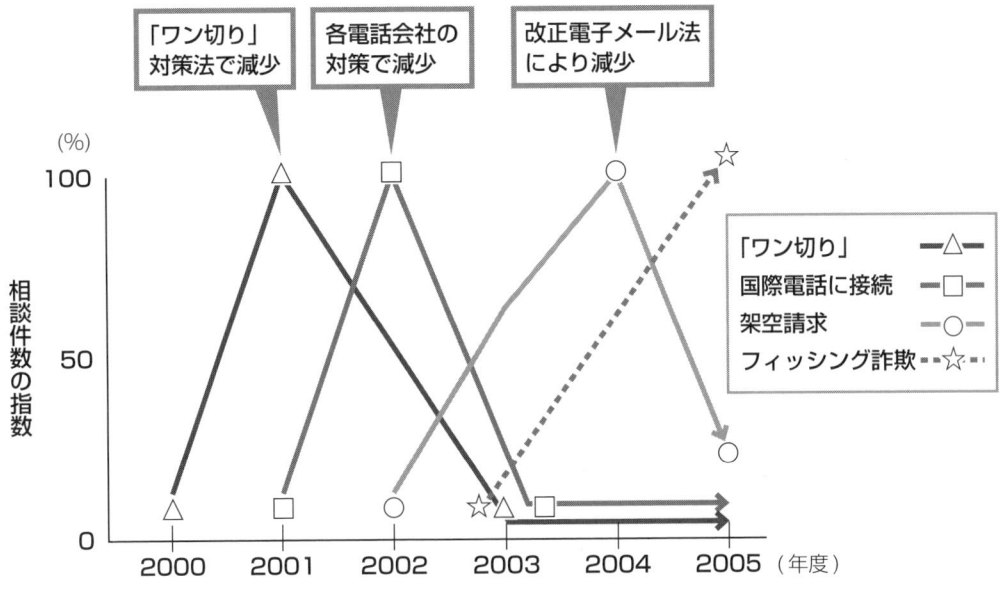

図3　国民生活センターへの相談件数の推移（国民生活センター（PIO-NET）より　フィッシング詐欺は（APWG）より）

　つまり，流行現象を体験させ，その対処法だけを指導するのでなく，なぜそうした現象に惑わされるのか，どうしたら避けることができるのかを，コンピュータやインターネットの特質を押さえながら学習していくことが，現象が変化しても通用する学力を養うことにつながる。

図4　流行現象の扱い方のイメージ

4 具体的な指導場面

(1) 日常生活を扱う授業場面と素材の教材化の関係

　学校・学年・学級などの学校生活や社会での日常生活で発生する問題から素材を拾い、関係する教科等での素材を教材化していく情報モラルの指導場面を示す。

ア　道徳の時間

授業場面	日常生活の素材を教材化する視点
道徳の時間 エチケット，マナー，ルール，信頼関係など関係する項目等 	エチケット，マナー，ルールの情報モラルに関した社会事象をエチケット，マナー，ルールに関する内容項目で，及び児童・生徒の身の回りで起きている携帯電話などで起きるトラブルなどの日常生活で発生する素材を関係する内容項目で，教材化し情報モラルに視点を当てながら内容項目（主題）のねらいをめざして学習する。

イ　教科の時間

　教科指導の流れに関連する内容と関連させ、ユニット的に短時間を使い、組み込む。

教科や生活場面と関連した情報モラルの学習	教科学習と関連させた場面に，生活に関連した情報モラルに関した1〜10分程度の学習ユニット（Ⅳ章参照）を組み入れ，教科のねらいに迫りながら，情報モラルへの意識づけをしていく。

ウ　総合的な学習の時間

　時間の設定の仕方がさまざまなので、広い・狭いの区別をしないで、日常化の視点で指導場面を示す。

基礎学習として情報機器の活用法の学習の中で 	コンピュータやインターネットなどの情報手段の扱い方の学習を通して，日常生活で発生している問題を素材にしながら情報モラルに関して最初に押さえる基礎的な内容を学習する。
児童・生徒の課題解決の学習の流れに必要に応じて組み込む 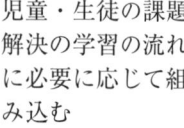	児童や生徒自らが設定した課題に関して，課題を解決する過程で生じた情報モラルに関する諸現象である著作権やプライバシーなどについて，日常生活で発生している問題の素材を課題にして問題解決的な活動を展開し，考え方や学び方を学習する。
総合的な学習の時間等で情報モラルの学習	日常生活で発生している諸現象の素材を教材化して，コンピュータやインターネットなどの情報手段の扱い方の学習を通して，情報モラルに関する内容を学習する。

エ 技術・家庭科（技術分野）の時間

| 技術・家庭科
技術分野(D情報に
関する技術) | | 日常的にニュースで取り上げている流行の現象や事象を素材として教材化して，情報手段の特質の理解を絡ませながら情報モラルがなぜ発生し，どう対応したらよいかを学習する。 |

オ 特設の時間

| 学級の時間や全校・学年集会等特設の時間 | | 日常的に流行している情報モラルの問題で児童や生徒が被害を受けそうだと判断した場合には，特設の時間を設け，素材をわかりやすく教材化して安全教育の観点から対処法を学習する。 |

(2) 各授業のねらい達成と扱う情報モラルの関係

授業場面の授業のねらいと情報モラルの組み込み方の関係は次のようになる。

表1　授業のねらいと情報モラルの関係

	授業のねらい	情報モラルの扱い
道徳の時間	**道徳の目標達成** エチケット・マナー・ルールや信頼関係等の関係する内容項目で道徳のねらいを達成していく	**情報手段の扱いや諸現象への対処** 情報モラルに関係する，学校や社会で起きている問題や新聞や被害を受けた人の話などの素材を資料化
教科の時間	**教科の学習** 教科の関連場面で組み込みながら，教科のねらいを達成していく	**情報モラルにふれる** 関連したモラル内容を選び，情報モラルへの意識づけやふれる活動
総合的な学習の時間	**情報機器の扱い方の基礎学習** 課題解決していくために必要な情報機器の活用法の基礎学習	**情報手段の扱いや諸現象の対処法** 「情報モラル」を意識した情報機器の活用法の学習
	課題解決の過程で情報モラル 課題解決していために必要となる情報機器の活用法の学習	**情報モラルが学習内容** 身近な問題を事例に学習過程で必要な情報モラルの対処法を学習
	情報モラルに関する問題解決 児童・生徒が情報モラルの内容を課題にして学習活動する	**情報モラルが課題** 情報モラルの内容に関した課題解決の学習活動
技術・家庭科技術分野	**「D 情報に関する技術」のねらい達成** 学習指導要領に示された情報モラルに関する学習	**情報モラルが学習内容** 情報の科学的な理解に裏打ちされた情報モラルの内容を理解する学習
特設の時間	**安全教育の目標達成** ただちに対策が必要な課題に関する安全教育をねらいとする	**対処法の指導** 生活で発生している問題に対処する具体的な方法の学習

5 情報モラルの内容 ――「なぜ」の内容

情報モラルの内容は，表2に示すように，情報機器の活用，諸現象の理解，「なぜ」である情報手段の特質の理解に分けて考えた。

表2 情報モラルの内容〈「なぜ」の内容〉

情報モラルを意識したコンピュータやインターネット等の活用実践	被害を受けない，加害者にならないための諸現象の理解	情報モラルに主体的に対応していくためのコンピュータやインターネットの情報手段の特質の理解 〈「なぜ」の内容〉
○閲覧ソフトを利用したWebページからの情報の収集 ○閲覧ソフトを利用したWebページからの情報の発信 ○電子メールでの受信と発信 ○電子掲示板の活用 ○チャットの活用 ○チェーンメールの活用 ○ネットショッピングの活用 ○諸手続きの活用 ○ブログ（BLOG, Weblog）の活用 ○機密を守る・有害情報を阻止する・被害を受けないコンピュータの管理や設定方法 ○健康に配慮した使い方	○著作権の侵害と保護 ○プライバシーの侵害と保護 ○人権の侵害と擁護 ○誤解されない（感情を害さない）表現方法 ○情報の信頼性・信憑性，誹謗中傷 ○得た情報の質を判断した利用の仕方（メディアリテラシー） ○ユーザIDとパスワード ○架空請求，宣伝，なりすまし ○スパムメール，迷惑メール，メール爆弾 ○単文で誤解を生まない（感情を害さない）表現 ○その場の空気を介さない情報（コミュニケーション）の扱い ○コンピュータウイルス，不正侵入の防止 ○有害情報の扱い	**インターネットの特質** ○世界中の国・地域とでも，どこでも，移動せずに（場所の不要性） ○誰とでも，知らぬ人と（不特定性） ○高速，大量，大規模，一斉，皆に，何度も，いくつでも（多数性） ○相手の顔を見ず，相手に知られず，誰にも知られず（匿名性） ○いつでも，自由に，好きなときに，知りたい・話したいの都合のよいときに（時間的制限の不要性） ○個人が自分で，直接，対等・平等，他の目的にも，金をかけず（オープン性） ○無益有益，善悪の情報が混じっている（情報の信憑性・信頼性） ○何でもできる気分，内緒で（気分の開放性） **コンピュータの特質** ○ソフトを使えば，文字，写真，動画，音声等のどんな情報でも（デジタル性） ○消しゴムを使わず直せる，直してもわからない，そっくりそのまま利用できる，何回複写しても劣化しない（デジタル性） ○コンピュータはプログラムで動いている（ブラックボックス的） **メディアリテラシーの観点** ○新聞やテレビとインターネットから得られる情報の質の違い

（参考文献：佐々木良一『インターネットセキュリティ入門』岩波新書，1999）

6 道徳教育のモラルと情報教育のモラルの違い

(1) 現状の情報モラルは

道徳教育で扱う「モラル」と情報教育で扱う「モラル」には，解釈に隔たりがある。

☆道徳教育での「モラル」（ルール，マナー，エチケットに関して）

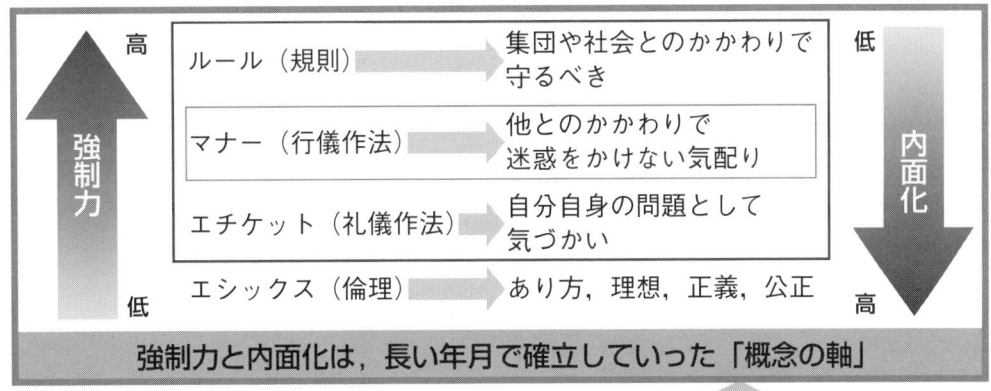

☆情報教育での「モラル」

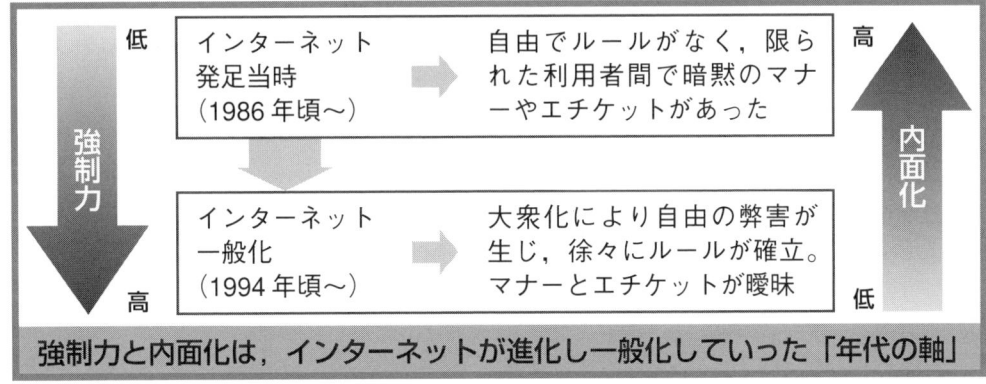

図5　一般モラルと情報モラルの関係

★道徳教育と情報教育とで「モラル」の捉え方に隔たりがある。
○情報モラルは，年代とともに，扱い方や概念が変化している。
○情報モラルは，マナーとエチケットを含む概念のネチケットが用いられることがある。

　　参考：サリー・ハンブリッジによる1995年RFC（Request for Comments）「1.0 はじめに」インターネットに関する啓発的な情報を示した標準文書，「ネチケット・ガイドライン」（高橋邦夫訳）

(2) 日常生活と絡めた情報モラル

　道徳教育と情報教育とで「モラル」の捉え方に隔たりがあると一貫した教育に支障をきたすので，道徳で扱う「モラル」と「情報モラル」の関係を次のように考えた。

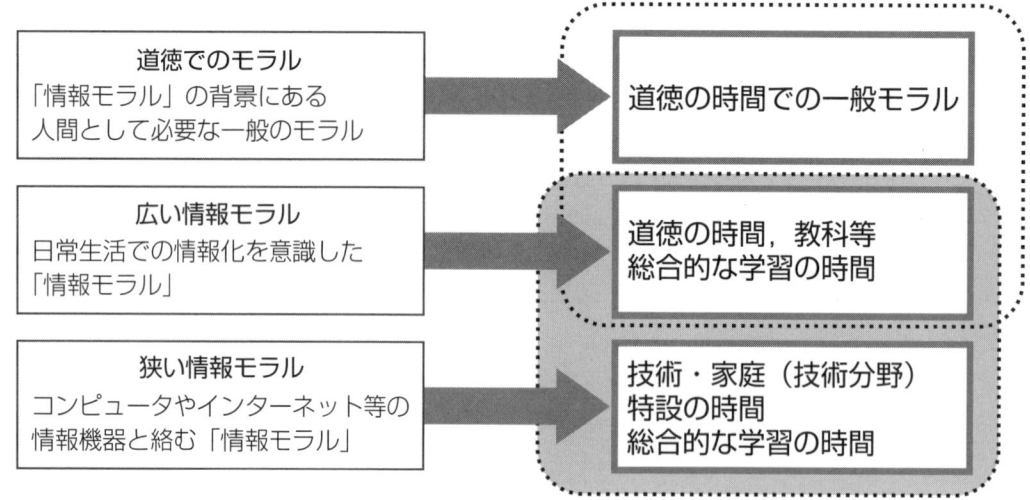

図6　道徳で扱うモラルと情報モラルの指導モデル

(3) 日常生活と絡めた情報モラルの指導場面

　学校教育で扱う日常生活をキーワードとする指導場面や学習内容は，表3のように機能分担できる。

表3　指導場面と主題の設定

一般モラル	広い情報モラル	狭い情報モラル
道徳の時間 情報モラル教育の背景にある人間としての生き方についての自覚を深める学習とともに，断片的に学習した情報モラルにかかわる道徳的な内容を補充，深化，統合する学習	**道徳の時間** 道徳の内容項目の主題に合う日常生活の情報に関する素材を取り上げ，教材化し，道徳教育のねらいに迫る学習	**技術・家庭（技術分野）** 日常発生している情報モラルの話題にふれ，コンピュータやインターネットの特質等の理解を主題にした学習
	教科学習 教科学習の内容に関連させたり，日常生活で問題を生じた場面で，さりげなく情報モラルの内容を短時間で組み込む	**特設の時間** 安全指導の立場から日常生活で流行している現象に対する対処法を学習する（学年集会，学級の時間，総合的な学習の時間）
	総合的な学習の時間 表1（p.7）で示した，「情報機器の扱い方」「課題解決の過程で情報モラルの基礎」「情報モラルに関する問題解決」などが考えられる	

（中村祐治）

7 全体計画をどう考えるか

（1）全体計画の必要性

①全体計画を考えるにあたって

　平成15年度から高等学校普通教科「情報」が新設され，必修となった。これにより，小学校から高等学校までの「情報教育」の一貫した流れができ，義務教育課程における9か年を見通した情報教育の系統的な指導がいっそう重要になり，小学校及び中学校の9か年間で，情報化の進展に主体的に対応できる能力と態度を身につける全体計画がいっそう求められるようになった。

②小学校時代が指導の基礎となる

　情報機器やネットワークが日常的に活用されるようになり，それに付随した新たな問題も数多くニュースとなっている。日常の学校生活においても，コミュニケーションのあり方が起因となる電子メールや電子掲示板での問題は，小学校段階から起きている。次代を担う子どもたちにとって，ネットワークの活用は情報社会で生きていくために必要な力である。また，同時に情報モラルの育成も急務であり，正しいコミュニケーション力を身につけ，ネットワーク社会で生じるさまざまな問題に対して，被害者や加害者にならないための指導が必要である。そこで，小学校から系統的な情報モラルの育成についての全体計画を作成し，継続的な取り組みをしていくことが重要になってくる。

③誰にでも取り組める情報モラルの指導

　従来の「情報モラル」についての指導は，多くの先進的な取り組みや指導資料に見られるように，ある事象に対してこう注意しなさいという狭い意味の安全教育的な側面が強かったように思う。また，取り組みの多くは，コンピュータや情報機器の活用に明るく，積極的に活用できる教師には容易なことでも，コンピュータは苦手という教師にとっては，指導の大切さは理解していても，いまひとつ積極的には取り組みにくい内容が多い。安全教育的な側面指導も大切であるが，モラルを真に子どもたちの力とするためには，基本的な情報モラルの育成につながる内容とすべきである。

④教科の関連を考慮した全体計画

　全体計画を考えるときには，コンピュータが苦手という教師も取り組みやすいことが必須となる。また，指導に際しては情報機器を活用しなくても取り組めるような内容を盛り込むことも必要である。情報モラルの育成についてはさまざまな取り組み方があるが，子どもたちの日常から近づく情報モラル学習は，子どもの生活実態に即して子どもに親しみやすい学習にすることができ，情報機器の活用が苦手な教師にも指導できるなどのメリットがある。しかし，その反面，指導すべき内容に関してもれを生じるデメリットもあることを考慮し，全体計画を作成しなければならない。

(2) 学校組織内で教師間の分担を確認する全体計画

①分担の必要性

　小学校では，「慣れ親しむ」が情報教育の主な目標であり，これは教科学習や学校行事などの教育活動全体で活用することを意味している。情報モラルの育成を考えたときに，教師側の得意・不得意で受け手側の児童・生徒に差異が生じることは，学習の系統性を考えると好ましくない。従来は，得意な人が実践すればよいという風潮がみられたが，子どもたちのインターネットや携帯電話の利用実態を考えると，すべての教師が取り組む必要がある。そこで，指導計画の中で互いの役割分担を明確にし，もれなくすべての子どもたちが指導を受けられる全体計画を考える必要がある。中学校においても同様で，技術・家庭科に任せておけばよいのではなく，どの教科等でも，教科等の特性に応じ分担していく必要がある。

②指導の系統性と繰り返し

　いわゆる社会的なモラルの基礎が形成される小学校段階からの系統的な指導が必要である。また，中学校入学をきっかけに携帯電話の所有率が上がるなど環境の変化を考え，発達段階に応じた適切な指導が繰り返し行われる必要がある。同じ項目を指導する場合でも，子どもたちの発達段階に応じた指導方法を考慮する必要がある。

(3) 全体計画はボトムアップ

　日常の学習活動の中で情報モラルの育成にかかわる題材を取り上げることは，子どもたちにとっても取り組みやすい内容となる。日常にあるものを題材として積み上げ，全体計画を考え，それをフィードバックして学習指導に生かす，この繰り返しが大切である。下の図は，その基本的な考えを示したものである。

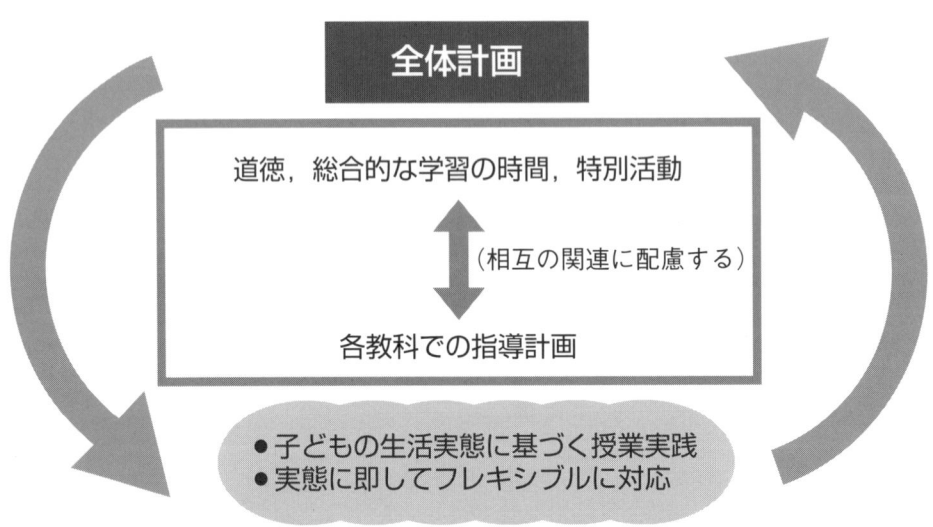

(4) 全体計画の参考例

　全体計画を考えるときには学年ごとに指導すべき事柄を押さえ，教科とのかかわりのなかでそれぞれの事柄を指導する場面を考える。次の例では，情報モラルの指導のなかで，情報の収集・分析・発信などのネットワークの活用にかかわる基本的な守るべき規範や人とのかかわりの部分を「コミュニケーション」として示した。また，子どもたちが被害にあわないように，安全教育にかかわる部分を「セキュリティ」として示した。

　また，セキュリティについては最低限度の押さえや緊急性を要する部分が多いため，例えば小学校4年生と中学校1年生のはじめに，インターネット・電子メール・電子掲示板及びそれらの利用に付随する問題などを必ず扱うなどの配慮が必要である。

【セキュリティについて特定の学年で一斉に扱う場合の例】

教科等での学習の前に

注　内容は発達段階を考慮し，電子メール・電子掲示板などは，学習用グループウェアなどで体験させる。

インターネットの利用について
- 検索エンジンと検索方法
- 有害ページやネット上のモラル

電子メールの利用について
- 電子メール利用のルールとマナー

電子掲示板の利用について
- 電子掲示板利用のルールとマナー

ネットワーク犯罪について
- 流行犯罪への理解と対処

↓

道徳・総合的な学習・各教科での利活用及びモラルの学習

① 小学校の指導内容例

学年 \ 項目	情報モラルの指導項目		関連教科
	コミュニケーション	セキュリティ	
低学年	○身近な人とのかかわり方を知る。 ・他人のいやがることをしない。 ○共に活動する楽しさを知る。 ○わからないこと，知りたいことを調べようとする。 ○他人のまねをしない。	○学校生活のルールを知り，守って行動できる。 ・みんなで使うものを大切にする。 ・自分のもの，他人のものを区別する。 ・コンピュータの正しい使い方を知る。	生活科 国語科 道　徳 その他

学年		コミュニケーション	セキュリティ	関連教科
中学年		○情報の収集と適切な活用の方法を知る。 ・正しい情報を集める。 ・著作物と著作権，肖像権 ○情報を整理し，わかりやすくまとめ，発表できる。 ○自他の作品を大切に扱う。 ○電子メールの活用の仕方について知る。 ・文字だけのコミュニケーションの特質を知る。	○個人情報の意味と守り方 ・被害者や加害者にならないようにする。 ○ID・パスワードの意味と扱い方 ○インターネットの正しい利用について知る。 ○有害情報への対処法を理解する。	総　合 国語科 社会科 理　科 道　徳 その他
高学年		○相手に配慮した公正公平な意見交換ができ，発信した情報には責任をもつ。 ○電子掲示板の利用について。 ○さまざまな意見や考え方があることを知り，自分の考えをまとめ，発表できる。	○ネットワークにかかわる犯罪について知り，その被害者にならない方法を知る。 ○コンピュータウイルスについて知り，適切な運用ができる。	総　合 国語科 社会科 理　科 道　徳 その他

②中学校の指導内容例

学年	項目	情報モラルの指導項目		関連教科
		コミュニケーション	セキュリティ	
技術・家庭科の学習を中心とし，関連する教科で補填する。 3年間を見通した指導計画とする。		○電子メールや電子掲示板の活用について，常に受け手のことを考えた情報の発信をする。 ○プライバシーや人権に配慮した情報の発信をする。 ○著作権・肖像権についてより深く理解し，情報を適切に扱えるようにする。 ○情報収集では，目的の情報を適切に収集・整理し，まとめることができる。 ○受け手側に配慮して，わかりやすくする工夫をした情報の発信ができる。 ○インターネット上の人権侵害や有害情報について，正しい判断ができる。	○ネットワーク社会の匿名性などの特質をよく理解し，適切な行動がとれる。 ○ID・パスワードを適切に活用できる。 ○個人情報の保護に配慮できる。 ○コンピュータウイルスへの対処について理解し，適切な運用ができる。 ○不正アクセス防止法など，ネットワーク活用にかかわる法律について知る。 ○ネットワーク犯罪について理解し，その対処ができる。	技術・家庭科 （技術分野） 社会科 総　合 道　徳 特別活動 その他

（篠原正敏）

Ⅱ章
道徳の時間
で情報モラルを学ぶ
—— 日常の素材から情報モラルの"なぜ"を考える ——

　情報モラルを，これからの情報社会での自己の生き方と重ね合わせながら考えさせるには，道徳の時間で学ぶのが最も適切である。
　Ⅱ章では，児童・生徒の身近な生活に素材を求め，そこから教材化する手順や具体的な授業展開例を示す。
　本章を参考にしながら，子どもたちが情報社会に主体的に対応していく基礎力としての道徳的な心情,判断力,実践意欲・態度を養う授業実践を展開してくだされば幸いである。

1 授業展開のポイント

(1) 日常生活にある素材を探す

　子どもたちの日常生活では，携帯電話を使ったコミュニケーションの行き違いから信頼関係が崩れる問題，インターネットにはまり被害を受けたりしてひとり悩む子どもなど，アンテナを高くして受信感度を上げれば，道徳の内容項目に関連した素材を多く拾うことができる。

　マスコミでは，毎日のようにウイルスによる被害の情報が流れている。ウィニーで社会に迷惑をかける，一瞬のクリックで莫大な損失を被るなど，コンピュータやインターネットの特質の理解を系統的に学習してこなかった大人が起こす問題を数多く拾うことができる。

　情報に関心がない教師でも，子どもがさらされている情報化の「負」の部分に対処できる力を身につけて健全な発達を促すとともに，積極的に情報化社会を生き抜くための情報化に対応できる基礎力を養うため，日常流れている情報化に関する話題に耳を傾けることは，責務であるともいえる。

　情報に関する素材は，あくまで主題を達成させるため教材化の素材であって，素材を資料として道徳授業で取り上げた内容項目のねらいに迫るようにするものである。

(2) 授業構成を工夫する

　図7に示した流れの例のように，素材がもつ話題への意識化，個々の考えの違いがあることを知ったり，共有化させたり，話し合いによる主題の掘り下げをしたり，道徳的な判断をする根拠である「なぜ」を組み込んだりして，ねらいに迫るよう指導構成を工夫する。

学習の要素	学習活動や学習内容
主題の提示 主題の意識化	生活で起きている情報モラルの話題を示し，主題を提示し，ワークシート等に記入して課題への意識化を図る。
話題の共有化や 考えの違いを知る	提示した話題に対して，児童・生徒が感じていることを出し合い，話題を共有化して主題への意識化を図る。
課題の掘り下げ	話し合いにより，話題が提供する課題を掘り下げていく。 その過程で，主体的に実践していく判断基準の基礎となる特質の理解を加味し，なぜ問題が生じるかを出し合う。
まとめ	主題に対して，自分はどうしていけばよいかを考える。

図7　授業構成の要素と指導の流れの例

(3) 話し合い活動を組み込む

　情報に関しては，深くインターネットにはまっているいわゆる「インターネットおたく」，何も知らない者など百人百様の経験をしている。

　そこで，話し合い活動を授業に組み込み，多様な経験や考えを受け入れ，集団活動の機能を生かした話し合いから得たことをもとに，狭い自分に気づかせるなどして，自分は情報化社会でどう生きていくかの方向性を生み出すようにする。

個の経験や考えなどを出す場面設定	話し合い活動など集団活動の場面設定	紙面にまとめるなど個の活動の場面設定
話題に対して自分の経験を出し，話題がかかえる問題に対して自分なりの考えを出し，主題への意識化を図る。	主題に沿い，班や学級単位で話し合い，話題に対する個々の考えを共有化する。互いに刺激し合い，自分の考えを再認識する。	視野を広げる，違う考えを受け入れ考えを改める，新たな考えを生むなど主題への向き合い方を考えさせる。
さまざまな個を出す活動	集団で刺激し合う活動	個に収束する活動

図8　話し合い活動の流れ

(4)「なぜ」の判断基準を組み込む

　「なぜ」を組み込む理由は，道徳的な判断基準の根拠となる客観的な事実を示す必要があるからである。「なぜ」とは，先に示した表2（p.8）にある「主体的に対応するためのコンピュータやインターネットの特質の理解」である。

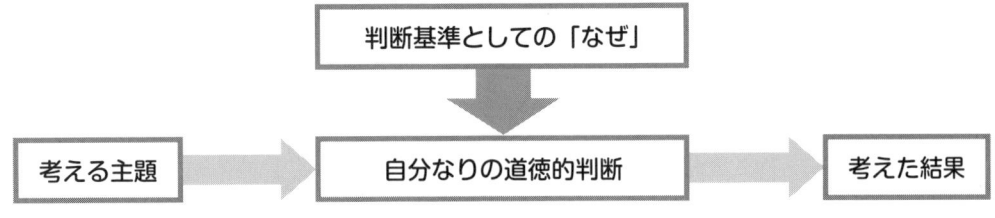

図9　判断基準としての「なぜ」

　表2に示した内容を，次のように校種や発達段階に即して，児童・生徒が理解しやすいようにそしゃくしていく。

扱う素材に相当する表2の内容を選択	児童・生徒がわかりやすい例にする
例：世界中のどの国・地域とでも，どこでも。	例：自転車にも乗れない幼児が飛行機に乗って崖があるのに勝手に行ってしまう。

図10　「なぜ」のそしゃく例

2 道徳のねらいと情報モラルの関係

(1) エチケット・マナー・ルールに関した広い情報モラル素材

エチケット・マナー・ルールに関した道徳の内容項目と「情報モラル」との関係を示す。

表4　道徳での情報モラル資料の扱い方の例

道徳の内容項目（太字は小学校）	情報モラルの資料例	ねらい
〔主として自分自身に関すること〕 **(1) 生活をふり返り，節度を守り節制を心掛ける。** (1) 望ましい生活習慣を身につけ，心身の健康の増進を図り，節度を守り節制を心掛け，調和のある生活をする。	内容項目：基本的な生活習慣，エチケット 買ってもらった携帯電話の使い方を考える。	〈情報社会で主体的に情報に対応できる基礎的な能力となる道徳性〉
〔主として他の人とのかかわりに関すること〕 **(1) 時と場をわきまえて，礼儀正しく，真心をもって接する。** (1) 礼儀の意義を理解し，時と場に応じた適切な言動をとる。	内容項目：礼儀，マナー 公共交通機関での携帯電話の利用を考える。	
〔主として集団や社会とのかかわりに関すること〕 **(1) 公徳心をもって法やきまりを守り，自他の権利を大切にし，進んで義務を果たす。** (1) 法やきまりの意義を理解し，遵守するとともに，自他の権利を重んじ，義務を確実に果たして，社会の秩序と規律を高めるように努める。	内容項目：遵法，公徳心，ルール（小低・中学年：集団生活の向上） コンピュータウイルスなど情報社会を混乱させる現象。	

(2) 一般項目に関した情報モラル素材の扱い方

学校・学年・学級で発生している情報モラルにかかわり解決しておきたい問題を素材にして取り上げ，素材に関係する道徳の内容項目を選び，教材化していく。

素材の収集	児童・生徒がよく目にする社会での現象や学校・学年・学級生活や校外で起きている友人間のトラブルなど解決したい問題
道徳の教材化	日常生活で起きている現象や問題を道徳授業の教材化の視点からの道徳の内容項目を選び，年間指導計画に位置づける
情報モラルの内容の組み込み	○被害を受けない，加害者にならないための諸現象の理解 ○情報モラルを意識したコンピュータやインターネット等の情報機器の活用 ○情報モラルに主体的に対応していく判断基準となるコンピュータやインターネット等の情報手段や情報の特質の理解　（自然に組み込めれば組み込む）

図11　素材から教材化

(3) 情報モラル素材の組み込み方法

日常生活の問題を素材にして道徳の時間で「情報モラル」を扱う授業を構成していく手順例は図12のとおりである。

エチケット・マナー・ルールの項目を優先する	日常生活の問題に対応した項目を優先する
全体計画にある指導すべき道徳の主題（内容項目）を決める	身近な生活で起きている児童・生徒間での情報化にかかわる生活上の問題の素材を拾う
主題に合う情報モラルに関した素材を選ぶ	扱う問題にふさわしい主題や内容項目を選ぶ

↓

素材を授業のねらいに即して道徳授業の教材にし，主題設定の理由を明確にする
ねらいに即した判断基準となる特質（表2参照）をそしゃくして組み込む

↓

導入・展開・終末の授業構成を立案する

↓

ねらい達成に向けたワークノート，板書，発問を準備する

図12　道徳の時間の授業構成の手順

主題名，指導場面，情報モラルの扱い方や準備する資料により，手順が入れ替わったりすることがある。

(4) 日常生活の素材例　　　　　　　　　　　　　　　〈　〉内は道徳の内容項目を示す

● **社会現象から**
　○世間を騒がせている官庁・警察・病院・民間会社からのウィニーを介しての国家機密やプライバシーなどの情報漏洩についての新聞記事〈集団生活の向上，ルール　基本的な生活習慣，エチケット〉
　○携帯電話でメールを打ちながら運転するトラックの運転手〈集団生活の向上，ルール〉
　○電車やバスの車内で携帯電話で通話しているのを注意してトラブル発生〈礼儀，マナー〉

● **学校生活から**
　○携帯電話の電子メール発信から波及して発生したいじめや仲間はずれ〈友情〉
　○友達とけんかしてメールで謝ったが，よけいに仲が悪くなり信頼関係が崩れた〈友情〉
　○友達のコンピュータからきたチェーンメール，返さないと友達を裏切る〈友情〉
　○携帯電話で歩きながらメールをして，電柱にぶつかる〈基本的な生活習慣，エチケット〉
　○学校で禁止されている携帯電話を持ってきて呼び出し音が鳴る〈集団生活の向上，ルール　礼儀，マナー〉

3 授業をどう構成するか ── エチケット・マナー・ルール項目

(1) 素材の教材化の手順

主題名の決定
○情報モラルの素材を扱える年間指導計画に沿った主題名（内容項目「基本的な生活習慣、エチケット」「礼儀、マナー」「遵法、公徳心、ルール」「弱さ醜さ」「集団生活の向上」等）を選ぶ。

↓

素材の選択
○主題を満たす情報モラルに関する身近な話題や新聞記事などを選ぶ。
○素材を加工して主題に即した教材にする準備をする。
　児童・生徒が知っている話題を取り上げ、無意識で行動している情報モラルの内容について理解を深め、情報モラルについて関心をもたせるとともに、主題に迫れるよう教材化の準備をする。

↓

主題設定の理由を決める
○主題に沿って、情報モラルを意識した主題設定の理由を明確にする。

↓

資料を作成する
○素材が有効に道徳のねらいに機能するように決める。
○情報モラルの内容や視点を組み込む例

児童・生徒の生活で起きた素材からの資料化	・ねらいから逸れるものを省略して簡素化。 ・固有名詞は避け、ハンドルネームなどにする。 ・現象が特定され人権上問題がある場合は、近接の学校間で互いに情報交換して利用する。 ・情報モラルに関する、例えば、「携帯電話」や「電子メール」などのキーワードを強調する。
新聞記事等の素材からの資料化	・主題に沿った記事を選び、必要な部分だけ読み上げるか、ねらいに向かわせるように別の資料を準備する。
社会の出来事から自作資料作成	・話題になっていることから児童・生徒の実態に即して作成する。

○判断基準である「なぜ」を表2（p.8）を参考にして組み込む。

↓

授業展開を考え、主発問、板書内容を考える

↓

授業展開を考え、学習指導案を作成する

図13　エチケット，マナー，ルールに関した授業案作成の手順

(2) 教材のモデルイメージ例

　次に示すモデルイメージ例は，道徳のエチケット，マナー，ルールに関した教材のモデルのイメージである。教材資料を作成する際は，校種や発達段階を踏まえてモデルイメージをアレンジしたり，このモデルイメージを参考にして他の素材を拾い，教材化するようにする。

モデルイメージ例1

主題名例「携帯電話買って」（内容項目：基本的な生活習慣，エチケット）
〈教材化した資料例〉
　クラスの友達はみんなケータイをもっている。
　なのに，うちのお母さんは買ってくれないんだ。
　中学生になったら買ってくれるとは言っているが，どうかわからない。
　ケータイをもっていると便利なんだ。
　遊ぶ約束ができるし，悩んでいるときメールで相談できるし，友達のことも知れるし……。
　欲しいよー，ケータイ。
　今度○○ショップに行って，いくらするか調べてこよう。
（資料作成：中村祐治）

〈展開例〉
　①主人公の私はどうして携帯電話が欲しいのか。想像してみよう。
　②主人公の私は携帯電話を母親から買ってもらえない理由をどう考えているのか。想像してみよう。
　③携帯電話を手に入れた主人公の私が一番最初にすることはどんなことだと思いますか。想像してみよう。

〈判断基準となる「なぜ」（特質の理解）の組み込み例〉
　通話機能以外に，電子メールやカメラ，最近はクレジットや電子マネー機能，テレビ電話機能などが付いており，使い方を間違えると，知らずに，自分では責任が負えない金銭被害などにあうおそれが誰にでもある。
　扱う授業や発達段階に即して，携帯電話はコンピュータと同じ機能をもつことを示し，表2（p.8）に示したデジタル通信の特質にふれる。

モデルイメージ例2

主題名例「公共交通機関でのマナーのあり方」（内容項目：礼儀，マナー）
〈教材化した資料例〉
　電車の中で非常識な人を見た。たぶん20代前半の，きれいな顔をした女性だ。
　普通に家で電話するような感じでリラックスして携帯電話で電話をしていた。
　混み合った電車内でずっと普通の声でしゃべっている。

夕方6時過ぎのラッシュ時だ。みな，仕事を終えてへとへとになっている時間帯だ。
　この電車は〇駅を出るとき必ず車掌さんのアナウンスがある。「携帯電話は電源を切るか，マナーモードにしてください」と。にもかかわらず，その人は終始，みんなの冷ややかな表情にも屈することなく会話していた。口に手をあてるどころか，気にするそぶりは微塵もない。

(資料作成：中村祐治)

〈展開例〉
①どうしてこの女性は携帯電話をかけ続けるのだと思いますか。想像してみよう。
②この女性は周囲の人々の視線をどのように感じていると思いますか。想像してみよう。
③もしあなたがその電車に乗り合わせたら，この女性にどのような態度をとりますか。発表してください。

〈判断基準となる「なぜ」（特質の理解）の組み込み例〉
　携帯電話は，無線を介して通話や電子メールができる。だから，どんな場所でも，いつの時間でも気軽にプライベートで使うことができる。

モデルイメージ例3

主題名例「電車でのマナーのあり方」（内容項目：礼儀，マナー）
〈教材化した資料例〉

　私はもう何年も，始発電車を利用して通勤している。見渡せば，車内で本や新聞を読む人より，携帯電話の画面をじっと見つめている若者のほうが多いように感じる。若者たちはおしゃべりしながら電車に乗り込んでくるや否や，揃って携帯電話を取り出し，黙々とメールを打ち始める。まったく今どきの若い者は…。
　そういえば，車内アナウンスでは携帯電話の利用マナーを呼びかけているし，優先席付近ではつり革やシートの色が変わり始めた。携帯電話が，電車内の風景を変えてしまったように感じて，なんだか寂しくなった。
　でも最近，続けてうれしい思いをした。
　ある日，整列乗車で並んでいたときから携帯電話で話していた茶髪姿の若者が，私の隣に座ってもまだ話を続けていた。電車に乗ったら話は止めなさいと注意しようと思っていたら，通話が終わった。そして，若者は「電話をしていてすみませんでした」と周囲の乗客に頭を下げて言った。周囲の乗客は一瞬びっくりしたが，しばらくすると車内は和やかな雰囲気につつまれた。
　別の日，既にホームにいた電車に乗り，メールを打っていた若者の座席の隣が空いていたので，私は「ここ，いいですか？」と声をかけて腰を下ろしたが，若者は，携帯電話から脇目もふらず黙って夢中でメールを打ち続けていた。メールを打ち終わった若者は，私を見て，「さっきは，夢中だったので，返事ができずごめんなさい」と，会釈をしながら笑顔で言ってくれた。その笑顔がすがすがしかった。
　「まったく今どきの若い者は…」なんて思っていたけど，二度も続けてうれしい気持ちになった。彼らなりに考えながら使っているんだなと，少し安心した。それから，思い直

して車内を見渡すと，むしろ大人のほうが結構マナー違反していることに気づき始めた。

(資料作成：尾﨑　誠)

〈展開例〉
① 「私」は携帯電話にどんな印象をもっているのだろうか。想像してみよう。
② 「私」は今どきの若者に対してどんな印象をもっているのだろうか。想像してみよう。
③ これから「私」は携帯電話や若者に対して，どのように接していくと思いますか。想像してみよう。

〈判断基準となる「なぜ」（特質の理解）の組み込み例〉
　モデルイメージ例2に同じ

モデルイメージ例4

主題名例「自由に使いたい」（内容項目：遵法，公徳心，ルール）

〈教材化した資料例〉

　先日話題になった新聞記事です（ウィニーで取り締まるべき警察が起こした事例などを示す）。

　ここでは，ひとりの人がしたことが世界中の経済活動などを混乱に陥れました。

　この新聞記事の背景を説明しておきます。

　インターネットは，いまからおよそ二十数年前頃から，ごく限られた研究者などの人々の間で利用され，一部の人々の間で利用の仕方について暗黙のモラルが成立していました。

　ところが，インターネットは急速に一般社会に開放され，多くの人々が利用するようになりました。インターネットは，誰もが自由に世界中の人々と自由なかたちで情報のやりとりができる開放的な仕組みになっています。

　自由に利用するようになった多くの人々は，一部の利用者の間で暗黙の了解があったモラルを知らずに，本当に自由に使い始めました。

　ところが，自由さが災いして，いろいろなトラブルが発生するようになり，モラルの必要性が叫ばれるとともに，ルールづくりも整備されるようになりました。

(資料作成：中村祐治)

〈展開例〉
① 教師は児童・生徒に対して，初期のインターネットの利用者が守っていた事柄について簡単に説明を行う。
② さらに続けて，ウィニーによる情報流出の実態について新聞記事などを引用しながら具体的に説明する。
③ どんなことを守ったり，工夫していけば，情報モラルの向上を図ることができるのかについて，自由に発表させる。

〈判断基準となる「なぜ」（特質の理解）の組み込み例〉
　誰にでも簡単に利用できるインターネットは，あたかも，免許をもたずに自動車を運転してどこへでも行けるようなものであり，目的のソフトウェア（ウィニー）を使えば，簡単に欲しいものが手に入る。自動車では断崖絶壁は走ることができないが，インターネットは，どこでも走れる道路と同じで，自動車同士の事故を防ぐ信号機に当たるのが，インターネットではソフトウェアである。誰かが勝手にソフトウェアを使い，赤にしておいた自分のコンピュータの信号を青にすることもできる。欲しいものが手に入り，反対に，誰かがソフトウェアを使えば，自分の大事なものを持っていかれる心配がある。

モデルイメージ例5

主題名例「気持ちの表現と社会のルール」（内容項目：遵法，公徳心，ルール）
〈教材化した資料例〉「幼女狙う」とネットに書き込み容疑，高1逮捕

　インターネットの掲示板に「次は幼女を狙う」などと書き込んだとして，私立高校の生徒（16歳）を警察は，威力業務妨害の疑いで逮捕した。男子生徒は容疑を認めており，「こんなに大騒ぎになるとは思わなかった。大勢の人に迷惑をかけ，反省している」などと話しているという。
　県警は，悪質ないたずらとみて捜査している。調べによると，生徒は午前中に，通っている高校の教室で，携帯電話からインターネットの掲示板に「ＴＨＥレイプマン」と名乗って「幼女を狙います」と書き込んだ。さらに，その約1時間後に「○○小学校あたりを狙います（知っている人いるかな？　○○小）」と書き込み，○○小の授業や全校集会などを中止させるなどして学校の業務を妨害した疑い。
　この書き込みの後，掲示板には同じ名前で，「最近そういう事件が多いので面白いかな？と思って書いただけですみません」などと書き込まれていた。
　男子生徒はテレビのニュースで事件を知り，軽い気持ちから「世間を騒がせてやろう」と計画し，休憩時間に父親名義の携帯電話を使ってネットに接続し，書き込んだという。
　この書き込みがあった□□市は，車58台に職員を分乗させ，市内15小学校の通学路を巡回させ，△△署はパトカーを小学校に派遣して警戒にあたった。小学校は，児童を下校させずに教室で待機させ，保護者らの迎えを待たせるなど対応に追われた。
　小学校の校長は，書き込みの容疑者が逮捕されたことで「ほっとしている」としながらも，「まだ○○市の事件が解決しておらず，警戒態勢はゆるめられない。今後とも地域と連携して子どもを守っていきたい」と話した。
（資料作成：阪田幸治）

〈展開例〉
①インターネットの掲示板に書き込んだときの高校生の「軽い気持ち」はどこから生じてきたのだろうか。想像してみよう。
②インターネットの掲示板に書き込みをすると，なぜ，ワクワクしたり，ドキドキしたりするのだろうか。考えてみよう。
③「あなた」がインターネットの掲示板に書き込みをするとしたら，どんな事柄に気をつけていきますか。考えてみよう。

〈判断基準となる「なぜ」（特質の理解）の組み込み例〉
　携帯電話は，インターネットと同じ機能をもち，いつでも，どこでも，手軽に匿名で電子メールを発信することができる便利な道具である。
　便利な道具は，刃物と同じで，人を傷つける心配がある。
　インターネットの便利さとその反面，凶器化することもある。

モデルイメージ例6

主題名例「自由に使えるインターネットと社会のルール」（内容項目：遵法，公徳心，ルール）
〈自作資料「こわれたパソコン」〉

Aさん
　おもしろいサイトだ。よし，画像をパソコンに取り込もう。
　インターネットからダウンロード開始。あれ，あれ，おかしいな。
　画面におかしな画像が…，いったん，止めてみよう。
　あれー，あれー。
　動かない，パソコン，壊れた，どうしてなんだ。
　お父さんに怒られるよ。
　おじさんに助けてもらおう。
おじさん
　ばかだなーA，ウイルス防止のソフトも入れないで，面白いと思ってダウンロードなんてばかだよ。もう一度セットアップし直しだ。
Aさん
　だって，インターネットは子どもの僕でも自由に使えるのがいいんじゃないの？
おじさん
　たしかに最近は，誰でもインターネットが自由に使える便利な時代になった。だけど，自由性があるインターネットの使い方のルールを知らないで使うから，君みたいにウイルスでコンピュータを壊したり，自由を悪用したりする人が出てきたんだ。
　インターネットが誕生した頃は，専門知識をもった限られた研究者だけが使っていたから，使い方の約束が自然と暗黙のうちにあったんだよ。
Aさん
　自由に使えるのは，怖さがあるんだね…。
おじさん
　セットアップ，結構時間かかるんだよなー。

（資料作成：中村祐治）

〈展開例〉
①インターネットが誕生した頃の使い方の約束事にはどんなものがあっただろうか。グループで調べてみよう。
②調査した結果をみんなの前で発表してみよう。
③インターネットの使い方のルールを考えてみよう。

〈用語解説〉

サイト：インターネットのホームページのある場所（WWW）を指すので敷地であり，サイト（site）を使う。ホームページとほぼ同義語で，正式にはWebページあるいはWebサイトという。

セットアップ：インストールともいう。コンピュータにWindowsなどのソフトウェアを組み込み，コンピュータを使えるようにすること。

モデルイメージ例7

主題名例「情報化時代のマナーやルール──携帯電話を例に」

(内容項目：礼儀，マナー　遵法，公徳心，ルール)

〈参考資料〉

　近所を歩いていたら，後ろから「おはよう」という声が聞こえたので，私は「おはようございます」と振り向きながら答えました。すると「おはよう」は実は携帯電話でやりとりしている声だったのです。恥ずかしいを通り越して，嘘のような本当の話です。

　それ以降，携帯電話で通話しながら交差点や踏み切りを渡る，自転車に乗りながらメールを打つ，電車の座席に座りながら携帯電話で大きな声で話すといった場面がむやみやたらと気になります。また，新聞の「読者のページ欄」での公共の場での携帯電話の使い方についての投書や，ラジオから流れる携帯電話のマナーについてのリスナーの声などがいっそう気になるようになってきました。

　次はワシントンD.C.に住んでいた友人の話です。ワシントンD.C.は，清潔な計画都市のイメージとは反対に，全米有数の犯罪都市の一つであると言われています。治安の悪化があらわれやすい場所の一つが地下鉄で，1970年代のアメリカの大都市の地下鉄では車両や駅での落書きや犯罪が急増しました。ワシントン首都圏交通局（WMATA）では，ワシントンの地下鉄を清潔で安全に保つため「地下鉄利用のルールとマナー」を7項目にわたり決め，厳しく乗客に対応しているそうです。その1項目を紹介します。

> 　地下鉄車内および駅構内での飲食，喫煙，ポイ捨てを禁じます。地下鉄交通警察が法律により召喚状を発行したり，逮捕したりすることがあります。

　（その他にも，地下鉄利用の際にエスカレーターの利用や子連れの乗客に対して「してください」「しないでください」という項目がいくつも示されている）

　地下鉄の駅で大きな声で話しながら歩いていた人が，警察官にもっと小さな声で話すよう注意されたが，聞き入れず口論となり，このルールとマナー違反に関した「公衆の場での秩序違反」と「公務執行妨害」で実際に逮捕された例があります。

　こうしたマナー違反で逮捕されることは日本では考えられないことですが，携帯電話の度が過ぎたマナー違反にはルールを定めて厳しく取り締まっていくことも大事だと最近考えるようになってきました。

　私が中学生の頃の電話は，家庭に1台しかなく家族共用でしたから，家族が互いに気配りをしながら電話で会話をしてきました。あっと言う間に携帯電話を個人が持てる時代に

Ⅱ章　道徳の時間で情報モラルを学ぶ

なり，便利になったと思うとともに，公共の場での携帯電話の使い方が気になりだしました。

(資料作成：阪田幸治)

〈展開例〉
　ねらいの扱いを情報社会のマナーとルールに限定するか，一般社会の枠まで広げるかで発問が異なるが，発問例を下記に示す。
○最近，公共の場での携帯電話の使い方で気になる場面はあるか。また，気になる理由は。
○便利で，個人が持てる時代の携帯電話を使うときのマナーを，あなたはどうしていけばよいと思うか。
○情報化時代のマナーについて，あなたはどんなことを感じているか。
○公共の場での携帯電話の使い方のマナーをルール化することについてどう思うか。
○携帯電話に関するマナーやルールについて，あなたが感じていることは。
○情報化社会でのマナーとルールについて，あなたはどう思うか。

〈判断基準となる「なぜ」(特質の理解) の組み込み例〉
○公衆電話と携帯電話の違い
　→公衆電話は有線で電話局につながり，決まった場所でしか会話することができない（設置する側が場所を決められる）。携帯電話は無線で電話局とつながり，公共の場や私的な場にとらわれず，どんな場所でも自由に会話等ができる。
○固定電話は，登場から加入件数が5000万件に達するまで約90年かかったが，携帯電話は，約15年で達している。

4 授業をどう構成するか ── 一般項目

(1) 素材の教材化の手順

素材の収集
○学校生活で起きているコミュニケーションや表現等の情報機器の扱いが絡んだ友人関係のもつれなどのトラブルを拾う。(p.30～32参照)
・普段からアンテナを高くして児童・生徒の動向を把握しておく。
・できるかぎり即時性があり,育てたい道徳性を含む素材を拾う。

↓

素材の整理
○児童・生徒間でやりとりした電子メールの内容の整理,発生している問題の文章化,トラブル経過の文章化など素資料を作成する。
○素材はオープンで扱ってよい場合は教育的配慮のもとで利用するが,児童・生徒が特定できるものを避け,他校の素材を借用したりするなどさまざまな配慮をする。

↓

教材化する準備
○準備できた素材をもとに教材にする準備をする。
・考えさせたいトラブルなどに関係する道徳の内容項目を決める。
・情報モラルの内容を絞り込む(携帯電話でのコミュニケーションなど)。
・判断基準となる「なぜ」(特質の理解)を表2 (p.8)を参考に資料に組み込むか,提示用として準備する。

↓

資料等の教材作成
①個人情報を削除したり記号化する。
②情報モラルに関して強調したり,付加したりする。
③指導のねらいが明確になるように文脈を整理する。
④児童・生徒が読みやすい表現にする。
⑤作成した資料等の教材に沿ったワークノートの構成を考え,資料を修正する。

↓

学習指導案の作成(授業の準備)
①主題設定の理由に情報モラルの内容を入れ込む。
②ワークノートを準備する。
③主発問を考える。
④板書案を作成する。
⑤情報モラルの内容を育てるため情報モラルに関したキーワードを決める。

図14 一般項目に関したモラルの授業案作成の手順

(2) 関係する内容項目

エチケット，マナーやルール以外で情報モラルを扱える道徳の内容項目の例である。集めた素材を教材化する際に，下記の表を参考にしてねらいを設定していく。

表5　エチケット，マナー，ルール以外で関係する内容項目例

	小低学年	小中学年	小高学年	中学校
公徳心		公徳心	規則の尊重	公徳心
集団生活の向上				集団生活の向上
集団生活の役割			社会的役割と責任	
友人との信頼関係	勇気	信頼・友情	信頼・友情	信頼・友情
人間の弱さ・醜さ				人間愛・生きる喜び

(3) 教材化の手順イメージ

詳しくは，実践例で示すが，手順をイメージで示すと図12（p.19）のようになる。

学校から拾い上げる素材例	社会から拾い上げる素材例
児童・生徒の会話をおこす，作文，感想文，グループノート，携帯電話のメール，ブログのコピー	新聞記事，インターネット掲示板，ブログのコピー，2チャンネルのコピーなど

教材化の作業内容例
○個人名を除きプライバシーなど人権へ配慮するため削除したり記号化の作業。 　記号化とは，アルファベットやイロハ順，及び○△や学級にいない愛称○○ちゃんなどであり，特定されるイニシャルは用いない。 ○児童・生徒から素材利用への了解，場合より保護者の了解作業。 ○新聞などを素材とする場合は，著作権法をクリアしているかの点検や許諾作業。 ○最近起きた問題を取り上げることが効果的な場合は，そのまま自校の例を採用するが，児童・生徒が特定されて人権上支障がある場合は，他校の例やストックしてある過去の例を用いる。 ○ねらいを焦点化するため，加除訂正したり，並び換えをし，できるかぎり短い文章にする作業。素材のリアリティーを損なわないようにする。 ○タイトル，文字の大きさ，文章配置などのレイアウト作業。 ○必要に応じたワークノート作成。

教　材
教材の完成

図15　素材から教材化への手順イメージ

（4） 教材のモデルイメージ例

モデルイメージ例１

主題名例「なぜ，けんかに？ 友情にひびが」（内容項目：友情）
　当人だけが知らぬ間に，ブログや携帯電話の電子メールのやりとりで情報がエスカレートしていき，学級で仲間はずれやいじめが出てきた場面で。

〈展開例〉
① 架空のけんかの原因を，みんなの前で大きな声でやりとりする。
②-1 架空のけんかの原因を，コンピュータ上で次々に個人から個人に送っていくシミュレーションを行う。
②-2 最初に送った内容と最後に届いた内容とを比較してみる。
③ ①と②から，けんかをどう収めるか考える。

〈判断基準となる「なぜ」（特質の理解）の組み込み例〉
　「空気で伝わる情報」と見えない電子メールで伝わる情報の違い。
　「空気で伝わる情報」には文字以外の情報が含まれる。周りにいた人がブレーキ役になる。
　コンピュータで伝わる情報は，文字面だけで判断したり，ブレーキがきかない状態で個人から個人へと伝わるうちに，マイナスの方向へ情報がエスカレートしていく。

モデルイメージ例２

主題名例「誰が送ったの？」（内容項目：友情）
　直子，楓，祥子，恵美の４人はとても仲良しで，家に帰ってからはいつも携帯電話の電子メールで楽しく会話していた。携帯電話を持っていなかった直子と恵美は，それぞれのパソコンから，一つのフリーメールアドレスを使って，楓たちとメールしていた。直子と恵美は，フリーメールを使うために，パスワードを教え合っていた。
　ある日の夜，いつものように恵美がメールを送ろうとしたら「パスワードが違います」と表示されてメールを送れなかった。「どうせまた直子が勝手にパスワードを変えたんでしょ。あの子ってば，いつも自分勝手にやっちゃうんだから」と心の中で不満を言いながら，「仕方ない。今日はメールをあきらめて，明日学校でパスワードを教えてもらおう」と思い，今日はパソコンの電源を切った。
　同じ日，楓の携帯電話に，恵美からメールが入った。
　「ねえ知ってる？ 祥子って，大学生と付き合ってるんだって！ なまいきよね」「自分のこと高校生だって言って，アルバイトもしてるらしいよ」
　びっくりした楓は，すぐ直子にメールを転送した。直子は楓に「祥子ってそんな人だったんだ。なんかこわいわ。明日から近づくのやめようよ。恵美にも言っておくね」なんていうメールを送り，楓はそれに同意した。

次の日学校で，祥子は恵美に言った。
「なんでそんなウソつくの！ ひどいじゃない！」「あんた私に何かうらみでもあるわけ？」「クラスのみんなからもそんなこと言われて，私，明日から学校これないよ！」
恵美は，祥子の言っていることが何のことか，さっぱりわからなかった。

(資料作成：尾﨑　誠)

〈展開例〉
①自分の知らないところで「うわさ」を立てられ，いやな思いをした経験について，それぞれに発表してみよう。
②自分にとって不利な情報ほど速く伝わっていく怖さについて話し合う。

〈判断基準となる「なぜ」(特質の理解)の組み込み例〉
「空気で伝わる情報」と見えない電子メールで伝わる情報の違い。
「空気で伝わる情報」には文字以外の情報が含まれる。周りにいた人がブレーキ役になる。
コンピュータで伝わる情報は，文字面だけで判断したり，ブレーキがきかない状態で個人から個人へと伝わるうちに，マイナスの方向へ情報がエスカレートしていく。

モデルイメージ例3

主題名例「クリックでいたずら」(内容項目：友情)

健太，蓮，剛史は，理科部の顧問の先生に掛け合い，部活用のメールアドレスをつくってもらった。部活のホームページをつくっているときに，いろいろな人からコメントをもらいたいと思ったからである。このメールアドレスを使うためのパスワードは，とりあえず3人だけが知っておき，ほかの部員には知らせないことにした。

1か月ほど経ったある日，部活の時間に健太が蓮に言った。
健太「最近，瞬が部活をさぼってるよな」
蓮　「今日もさぼって帰ったぜ」
健太「なあ，瞬にメールしてやろうぜ，さぼるなよってさ」

蓮はおもしろ半分でこれに同意し，早速，部活用のメールアドレスを使い，メールを打った。

```
宛先：瞬
件名：おい，さぼんなよ
本文：ばーか
　　　○○より　(※関係ない友だちの名前を書いた)
```

そこへやってきた剛史は，メールの内容を見て「おい，これはまずいんじゃないか？」とは言ったものの，仲間に入った。

そして，メールを送信する画面になったとき，健太は送信ボタンをクリックした。しか

し，画面が何も変化していないと思い「あれ？ 変だな，ちゃんと送れてるのかな」と言い，送信ボタンを何度かクリックした。しかし，まだ変化はない。イライラした蓮が「おれに貸せよ」と言い，マウスのボタンを何十回も素早く押してみた。そして，ようやく画面が変わり「送信しました」と表示された。安心した3人は，ホームページづくりの作業を再開した。

　次の日，瞬がものすごい剣幕で3人のところへやってきた。
「おい，誰だよ，あんなメール送ったの！ 部活のアドレスから来てたんだから，お前たちに決まってるだろ！ 誰がやったんだよ！」
　3人が気まずそうにしていたら瞬が続けた。「あのアドレスは，お父さんのなんだよ！ お父さんのところに，バカってメールが50通も来てたんだよ！！ お父さんカンカンだったぞ！」
　その日の夜，瞬のお父さんが学校へやってきて，担任の先生に話をしたらしい。3人は困った顔で話した。「軽い冗談のつもりだったのに，こんなことになるなんて…。困ったな，どうしよう…」

（資料作成：尾﨑　誠）

〈展開例〉
①メールを受け取っていやな思いをしたことがある人は，その経験を話してみよう。
②健太，蓮，剛史の3人は，どんな気持ちでメールを書いたのか。想像してみよう。
③瞬や瞬のお父さんは，どんな気持ちでメールを受け取ったのか。想像してみよう。
④なぜ，軽い冗談のつもりが，こんなに大きな問題になったのだろう。
⑤友だちにメールを送るときは，どんなことに気をつけたいか。考えてみよう。

〈判断基準となる「なぜ」（特質の理解）の組み込み例〉
　電子メールは，クリックひとつで気軽に簡単に，瞬時に手紙を送ることができる。手紙は電気信号（あるいは数字の情報）で送られるため，同じ内容の手紙を何通でも送ることができる。半面，送られている様子は目に見えず，相手が受け取ったかどうか，見て確かめることはできない。インターネットは，あっという間に不特定多数の人に情報が流れる。

（吉澤良保）

5 授業の展開モデル例

展開モデル例① （小6　道徳）

仲良しの友達から届いた怒りのメールをめぐって
―― 友人とのトラブルからコミュニケーションを考える ――

1．主題名　「もっと仲良く」（内容項目：信頼・友情）

2．授業の位置づけ
◆学　年　小学6年
◆資　料　自作資料「みっちゃんの手紙」（→p.39）
◆ねらい　互いに信頼し，理解し合って，友情を深めようとする心情を育てる。

◆主題設定の理由
　人は，通常の会話なら，相手のメッセージの約8割をその表情やしぐさ，話し方から受け取ると言われている。しかし，相手の顔が見えないネットワーク上では，実生活ならためらって使わないような表現も平気でしてしまいがちである。また，表現上の表層だけが一方的に発信されるため，受け手は疑心暗鬼や対人恐怖に陥る可能性がある。これらは，人間関係の崩壊をひき起こしかねない。
　しかし，電子メールなどのネットワークが必ずしも子どもたちに悪影響ばかりを及ぼしているわけではない。インターネットの普及により，調べ学習が容易にできるようになったり，電子メールや電子掲示板で質問して回答を得たりできるようになったのも事実である。また，人前で話すのが苦手な子が，ネットワーク上では素直に自己表現できたりすることもある。効果的に使えば，非常に便利で有効なものである。
　これからの情報化社会の中で，私たちの生活は情報機器やネットワークとますます密接なつながりをもっていくであろう。だからこそ，子どもたちが正しい情報モラルをもてるよう，今から考えさせる必要がある。
　ネットワークの向こうには必ず「人」がいるということを意識させながら活動を進め，相手の顔が見えない分，よりいっそうマナーに気をつけなくてはいけないということを考えさせたい。

◆本時の目標
○友達として，どのように行動するのがよいか，自分の判断と友達の判断を議論させながら自分の考えを構築し，実生活に生かしていくことができる。
○ネットワーク上のコミュニケーションでは，ネットの向こうには，必ず「人」がいる

ことを理解し，今後利用する際に生かすことができる。

3．授業の展開と児童の反応
◆授業展開のポイント

> 道徳のねらいに沿った授業展開の過程で「メール」や「携帯」の用語を使いながら，携帯電話のメールを伝達手段とした情報のやりとりの特質を投げかけていく。
> 例1：メールを送ったんだね。声がなくて字だけなの。メールだから見るだけ。
> 例2：すごい内容のメールだよね，字で見るとすごいよね，「お前ら」って言われたら，ドキッとするよね。
> 例3：「わたし」はメールを見てどう思い，どんな解決方法をとったと思うかな。もし自分ならどうするかな。

◆授業の流れ

（・は発言，□は行動，☆は指導上の留意点，下線は授業展開のポイントとなる投げかけや留意点や大切にしたい発言）

学習活動	指導上の留意点
1．本日の主題やねらいを説明 ［導入］ 　友達とけんかしたり，友達関係で困ったり悩んだりしたことはありますか。 ・ちょっかいを出されたので，やり返したら，けんかになってしまった。 ・先に帰っただけなのに，次の日に無視された。	☆日常生活での話題を思い起こさせ，主題への意識化を図るようにする。
2．資料「みっちゃんの手紙」を読んで話し合う［展開］ 　資料「みっちゃんの手紙」の登場人物の関係や話の確認をしましょう。 ・メール友達で仲良し4人組 ・みっちゃんはケンタに告白の手紙を書いた。 ・<u>告白の手紙を渡せるまで机にしまっていることを他の3人にメールで知らせた。</u> ・みっちゃんの机の中を見てしまい，それが本人に見つかってしまって，けんかになってしまった。 　手紙を探しているとき，「わたし」はどう思ったと思いますか。 ・仲のよい人の手紙を見るのは，悪いなと思った。 ・わたしたちのことを信じているから，メールで手紙のことを教えてくれたのに，見たら裏切りかなあと思った。 ・みんなみっちゃんがケンタのことを好きなことを知っている	□資料を見，読みを聞く。 ☆<u>電子メールの内容の部分は，感情を込めないで読むよう心掛ける。</u> ☆メール友達で仲良しであることを必ず押さえる。 ☆信じてくれた友達を裏切るようで悪いという気持ちと興味があるという相反する気持ちに気づかせるようにする。 ☆もし自分ならどうするか考

んだから，見てもどうってことないと思った。 ・みんなで見ているんだから，わたしひとりだけが悪いわけじゃない。 ・どんなことが書いてあるのか，すごく興味がある。	えさせる。 ☆プライバシーの問題についてもふれる。

> 手紙を見たことが，みっちゃんに**見つかったとき**，「わたし」はどう思ったと思いますか。

・やばい見つかっちゃった。どうしよう。 ・裏切っちゃったから，許してもらえないかも。 ・何で見てしまったのだろう。見なきゃよかったな。 ・謝れば許してもらえるから大丈夫。 ・見られたくないなら，教えなきゃいいのに。 ・どうせみんな知ってるんだから，たいしたことない。 ・メールで言われると，軽く感じてしまう。	☆動揺して後悔している「わたし」の気持ちに気づかせる。 ☆相手のせいにする気持ちもあることに気づかせる。

> みっちゃんは，どう思ったと思いますか。

・ふざけるな，裏切り者。 ・教えなきゃよかった。 ・メールで言ったから見られちゃったのかな。会って言えばこんなことにならなかったかも。 ・信じていたから教えたのに。もう絶交だ。 ・もう友達でいられない。謝っても絶対に許さない。	☆みっちゃんの立場からも考え，両方の立場から状況をとらえるようにする。

> みっちゃんは，メールを送った後，どんな気持ちになりましたか。「わたし」はメールを見てどう思い，どんな解決方法をとったと思いますか。
>
> > （情報の特質に迫る投げかけ例）
> > ●メールを送ったんだね。声がなくて字だけなの。メールだから見るだけ。
> > ●すごい内容のメールだね。字で見るとすごいよね。「お前ら」って言われたらドキッとするよね。
> > ●こういう内容のメールを送ったり，逆に送られてきたとき，どんな気持ちかな。

	□道徳ノートに記入する。 ☆意見を分類して，板書する。 ☆<u>電子メールの特質について投げかけ，特質を踏まえながらもし自分ならと自己投影し主題について考えられるように支援する。</u>
（みっちゃん） ・メールを送ったから，少しは反省してくれるかな。 ・みんなが謝ってくれれば許すんだけど。 ・もう友達でいられない。これは決裂のメールだ。 ・絶対仲直りしない。信じていたのに裏切ったから，メールを送ってもまだ腹が立つ。 ・最悪，最低。	☆「仲直りしたい」「許せない」という両方の意見を大切にする。

・少しメールで言いすぎたかもしれない。 ・もっと優しい言葉でメールを書けばよかった。 ・メールではなく会って直接言ったほうがよかったかな。 ・メールで言いたいことが言えて，すっきりした。	☆電子メールの使い方の反省についての意見を押さえる。 ☆すっきりした後，「仲直り」か「もう無理」かも考えさせる。
（わたし） ・「なんだ」と思って，逆ギレする。 ・売られたけんかは買う。 ・もう一回謝る。許してくれるまで謝り続ける。 ・信じてくれたのに裏切って手紙を見てしまったことを後悔しているから，会って謝る。会ったほうが気持ちが伝わるから。 ・メールで謝る。会うのは気まずいから。 ・仲良し4人組のあとの2人の友達に相談する。たぶんメールだし，「お前ら」って書いてあるから同じメールがあとの2人にも送られているはずだから。 ・みっちゃんの気持ちの整理がつくまで時間をおいて考える。	☆いろいろな対処の方法を認め，分類して板書する。 ☆どのように謝ったら相手に誠意が伝わるか，考えさせるようにする。 ☆複数の相手に送れる電子メールの特質についてふれる。 ☆電子メールでのトラブルの有無やその概要について問うことにより，ふり返り活動がスムーズに行えるようにする。
3．自己のふり返りをする[終末] 今日の学習を終え，今後どうしていきたいと思いましたか。 ・友達を裏切るようなことは，絶対にしない。 ・信じてくれる友達を大切にしたい。もしけんかしたら，素直に謝るようにしたい。 ・携帯を買ったら，メールだけに頼らないようにする。 ・大事なことは，メールでなく直接会って伝えるようにしないと，大事さが伝わらない。 ・メールは言葉だけなので，感情がうまく伝わらないから，言葉づかいに気をつける。 ・メールは楽だけど，会ったほうが気持ちが伝わって理解し合える。 ・前に友達と大げんかになったときに，暴言を書いてしまって，よけい大げんかになり，絶交になったから，これからは気をつけてメールする	□道徳ノートに記入する。 ☆友情について，情報モラルについて，どちらの意見も認め，今後の生活に生かしていけるようにする。 ☆体験談の意見も大切にする。 ☆よりよい生き方につながるようにする。

4．板書例

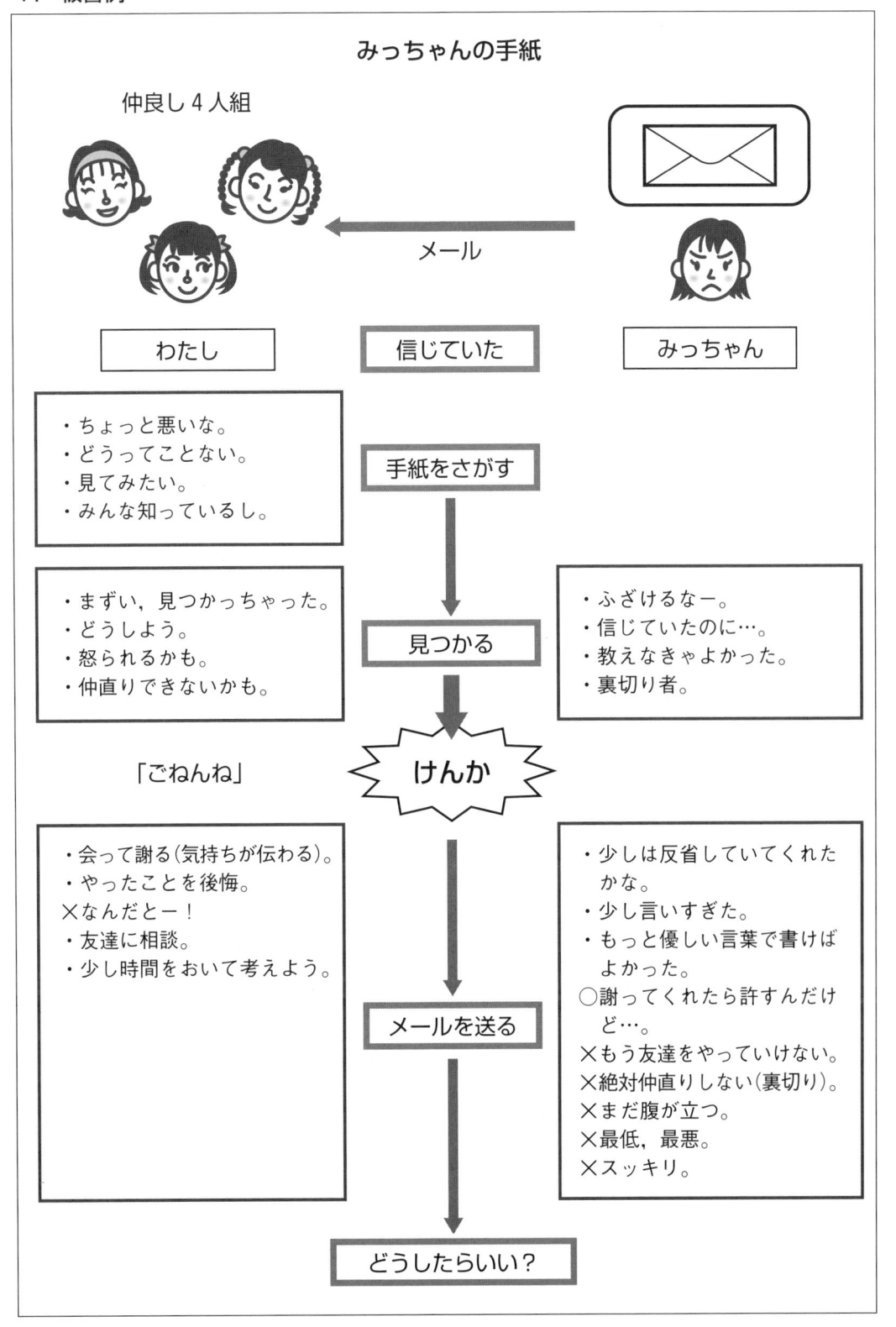

みっちゃんの手紙

仲良し４人組

わたし　　　信じていた　　　みっちゃん

- ちょっと悪いな。
- どうってことない。
- 見てみたい。
- みんな知っているし。

手紙をさがす
↓
見つかる

- まずい，見つかっちゃった。
- どうしよう。
- 怒られるかも。
- 仲直りできないかも。

- ふざけるなー。
- 信じていたのに…。
- 教えなきゃよかった。
- 裏切り者。

けんか

「ごねんね」

- 会って謝る（気持ちが伝わる）。
- やったことを後悔。
- ×なんだとー！
- 友達に相談。
- 少し時間をおいて考えよう。

メールを送る

- 少しは反省していてくれたかな。
- 少し言いすぎた。
- もっと優しい言葉で書けばよかった。
- ○謝ってくれたら許すんだけど…。
- ×もう友達をやっていけない。
- ×絶対仲直りしない（裏切り）。
- ×まだ腹が立つ。
- ×最低，最悪。
- ×スッキリ。

↓
どうしたらいい？

5．ワークシート（道徳ノート）に見られる児童の感想
（「今後どのようにしたいか」の情報モラルに関した感想）

〈電子メールの使い方を考えた感想〉

○メールは言葉だけなので，感情が伝わりにくいから，使い方に気をつけないと自分の気持ちがきちんと伝わらない。
○メールで何かを伝えるときは，言葉づかいに気をつけて書くようにしたい。
○メールの内容に気をつけながら友達とメールをしていきたい。
○携帯電話を買ってもメールばかりに頼らないようにする。

〈直接会って話す大切さを考えた感想〉

○メールは離れていても簡単にできるから便利だけど，会ったほうが気持ちがよく伝わって理解し合えるので，大事なことや大切なことは，メールより会って伝えるようにしたい。
○直接会ったほうが感情が伝わりやすいから会って話すようにしたい。
○直接会って自分の気持ちを伝えて謝るほうが，気持ちが伝わりやすい。

〈プライバシーの問題を考えた感想〉

○人の机の中や手紙とかを勝手に見てはいけない。
○もし自分のものが勝手に見られたらすごくいやなので，自分も絶対にしない。

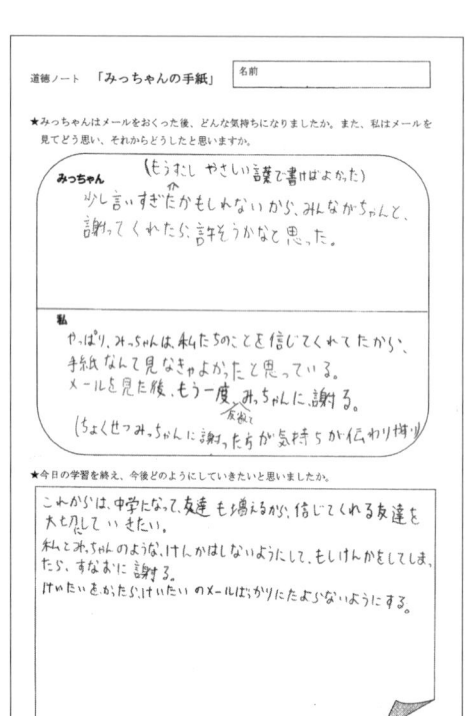

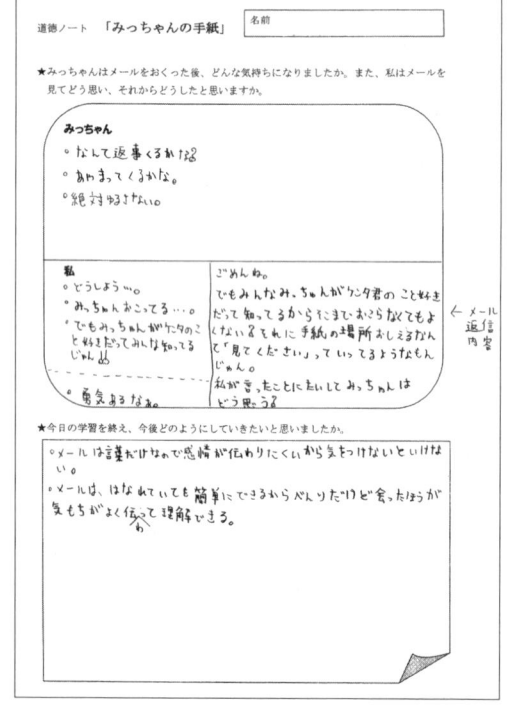

6．資料
◆自作資料「みっちゃんの手紙」

　わたしは，習い事のスイミングが終わり，家に帰ってきた。
「今日もたくさん泳いで疲れたな。」と思いながら，毎日こう例の携帯のメールのチェックを始めた。わたしたち仲良し4人組は，夏ごろから毎日携帯でメールのやりとりをしている。ちょっとした交換日記のよう。学校での出来事や，好きな人のこと，友だちのうわさ話など秘密のことをやりとりしている。
「今日は，どんなメールがきているかな。」と思いながら，メールを開いてみた。
「あっ，みっちゃんからだ。昨日けんかをしてしまったけど大丈夫かな。仲直りのメールならいいのだけれど…。」
　実は，先日みっちゃんから，「ケンタ君に告白の手紙を書いたので，渡せるチャンスが来るまで，机の中にしまっておく。」という内容のメールを受け取り，わたしたち3人は，みっちゃんが教室にいない時に，そっと机の中の手紙を探したのだ。そこに，クラスの他の人たちも何人か加わって，みんなでその手紙を見てしまった。しかし，ちょうどその時，みっちゃんが教室にもどって来て見つかってしまい，わたしたちはけんかをしてしまったのだ。
「みっちゃんが，ケンタ君を好きなことは，自分でいろいろな人に言ってたからみんな知ってるし，別にどうってことないよね。それに，昨日もう謝ったし…。」
　わたしは，密かな期待をもってメールを読み始めた。そこには，

> お前ら，ばかか。ふざけんな。
> 人の手紙を見るの良いと思っているわけ？
> 良いと思ってなきゃ，あんなことしないよね。
> 良いと思っているお前らは，最低だよ。
> 机の中いじるのも良くないことだよ。
> 手紙があるのを知ってて机の中を見た。
> 「悪気がなかった。」なんて言っていたけど，悪気がなかったらわざわざ机の中から手紙を探して読むなんてことしないでしょ？
> 「ごめんね。」なんて謝るなら，最初からやらなきゃいいじゃん。
> お前ら最低だよ。イライラしてくる。
> 絶対，許さないから。それだけは覚えておけ。

と書かれていた。わたしは，怖くなり，どうしていいか途方にくれてしまった。

7．授業を終えて

　道徳の授業の中で，情報モラルを素材として教材化し，ねらいに迫れるように試みた。

　資料は，近くの学校で実際に起きた電子メールが絡んだ問題を，学級の実態に合わせて自作したものである。友情について，情報モラルについてと，価値が絡み合っていることから，両方を合わせて考えていた子や，自分にとってより身近な価値について深く考えていた子がいた。それぞれのもつ道徳的価値は異なり，また，どちらに重きを置くかも異なるので，同一資料を扱っても，それぞれ個人の価値観に基づいて価値に迫り，自分の問題を意識化していた。しかし，情報モラルを素材として，友達の考えにふれながら考えることができる機会をもてたことは，情報化社会で生きる子どもたちの今後につながったのではないか。

　子どもたちの日常の会話で，携帯電話やメールのことがよく話題になっていた。また，保護者から子どもたちの携帯電話や携帯メールの使い方の問題が提起されることも多かった。しかも，卒業を目前に控え，中学生になったら携帯電話を買ってもらえると楽しみにしている子も多かった。そのようななか，非常にタイムリーな話題をよいタイミングで子どもたちに投げかけ，授業を行えたので，子どもたちは資料に自己を投影して価値について考えることができ，大変効果的であったように思う。

　筆者は，情報機器について詳しい人間ではなく，どちらかといえば苦手意識をもっているが，機器を使用しなくても，情報モラルの授業を行うことができた。情報化の進むなか，情報モラルの育成は今後ますます必要となってくるだろう。教師として情報機器に詳しくなることももちろん大切だが，工夫して授業を創り上げれば，いろいろな場面や方法で情報モラルについて，子どもたちとともに考えることができると実感した。

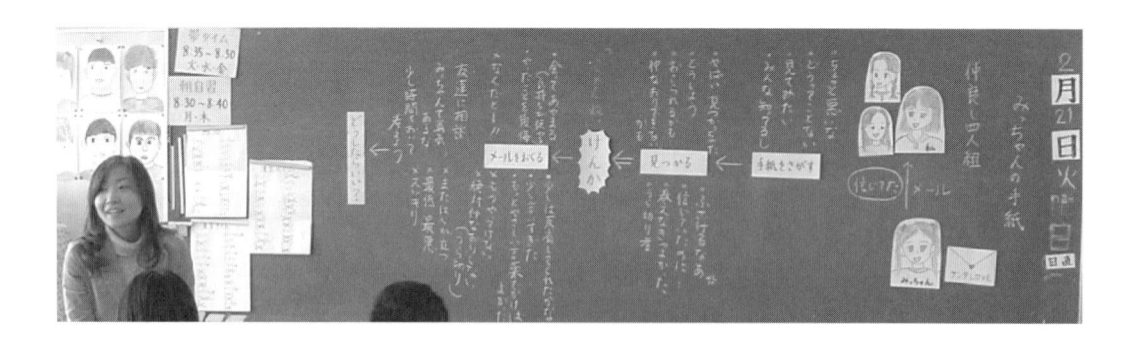

（小林美紀）

展開モデル例② （小5　道徳）

ホームページに載せた友達の写真
―― ネット上の個人情報の扱い ――

1．主題名「個人情報を守るために」（内容項目：公徳心，規則尊重，遵法）

2．授業の位置づけ
◆学　年　小学5年
◆資　料　自作資料「2人の写真」
◆ねらい　ネット社会におけるマナーを守り，自他の権利を大切にする心情，態度を育てる。

◆主題設定の理由

　メールでのコミュニケーションや，ネットを利用した情報収集活動は，身近なものになってきた。ホームページを作成する児童もおり，情報化社会の中では，情報機器が生活により密接なものとなっているが，便利さばかりが強調されてきて，そのルールやマナー，危険性について詳しく知る児童は少ない。

　ホームページは，さまざまな情報が容易に入手ができる反面，簡単に個人情報が流出したり，犯罪に悪用されるケースも多い。自分を守るうえでも個人情報に対する意識を高める必要がある。ネット上のルールやマナーを守らないと，知らず知らずのうちに加害者になったり，結果的に自分が被害を受けてしまう。他人によって自分の個人情報が流出し，互いの認識の違いによりトラブルに発展してしまうケースもある。そのためにはネットの特性を知り，ルールやマナーを守りつつ情報端末を利用していく姿勢を育成する必要がある。

　ルールやマナーは人が社会でよりよく生きるための知恵であることを理解させたい。また，それらを守らなかったり知らなかったりする友人に出会ったときに，どのようにして対応していくのかを考えさせたい。

◆本時の目標
○ルールやマナーを守るためには，何を大切にして，どのように行動するのがよいのか，自分の考えを構築し，実生活に生かしていくことができる。
○個人情報の重要性や取り扱い方を理解し，実生活に生かすことができる。

3．授業の展開と児童の反応
◆授業展開のポイント

ホームページの特性にふれながら，個人情報の特質に迫る投げかけをしていく。

| 例１：２人の写真はのっているけど，名前はのっていないよ。大丈夫なのかな。 |
| 例２：ホームページ上では，なぜ誰かわかってしまってはいけないのかな。 |

◆**授業の流れ**

（・は発言，□は行動，☆指導上の留意点）

学習の流れ	指導上の留意点
１．本日の主題やねらいを説明　［導入］	
ルールを守っていない友だちを注意して，トラブルになったことはありますか。	〈板書１〉 ☆日常起きるトラブルについて想起させ，資料につなげる。
・仲のよい６年生がいて，「それ，やめたほうがいいよ」と言ったら「うるせぇ」と言われた。 ・下級生に注意したときに，文句を言われたことがある。	
２．資料「２人の写真」を読んで話し合う　［展開］	
資料「２人の写真」の登場人物の関係や，話の流れを確認しましょう。	〈板書２〉 ☆２人は，とても仲良しであることを押さえる。
・よっちゃんとわたしは親友。 ・メール友だち。 ・よっちゃんはホームページを作ることになった。 ・ホームページの紹介コーナーに，よっちゃんとわたしの２人の写真ものっていた。その後，もめてしまった。	
ホームページに紹介してもいいかと聞かれたとき，「わたし」はどんな気持ちだったと思いますか。	☆ホームページの特性についてふれる。
・親友と言ってくれて，とてもうれしかった。 ・どんなホームページになるのか，楽しみになった。 ・はやく見てみたいと思った。	
ホームページが完成しました。よっちゃんはどんな気持ちですか。	〈板書３〉
・「やったー！」とうれしい気持ち。 ・いちはやく，あき子（わたし）に見せたいと思った。	
できあがったよっちゃんのホームページを見たとき，「わたし」はどう思いましたか。	〈板書４〉 ☆情報の特質に迫る投げかけの例。

> ・ホームページには何がのっていたのかな。
> ・ホームページは，誰が見ることができるのかな。

・やっとできて，うれしい。
・どんなふうに自分のことが書かれているのか，わくわくしている。
・読んでいるうちに不安になってきた。
・2人の写真や，ニックネームなどの個人情報が書いてあったから，誰だかわかってしまう。危険だということを，はやくよっちゃんに教えてあげなくちゃ。

個人情報って何ですか。

・住所　　・電話番号　　・名前　　・誕生日
・アドレス　・年齢　・キャッシュカードの番号
・パソコンの暗証番号

〈板書5〉

なぜ，それらの個人情報を教えてはいけないのですか。
（情報の特質に迫る投げかけ例）

> ・2人の写真はのっているけど，名前はのっていないよ。大丈夫なのかな。
> ・学校のホームページには，住所や電話番号ものせているけどいいのかな。
> ・なぜ誰かわかってしまってはいけないのかな。

☆個人情報保護の重要性と流出の危険性を，資料中の先生の言葉により確認する。

・よっちゃんとわたしが，どこの小学校の何年生なのか見ている人がわかってしまうから。
・知られたくない大事なことがわかってしまうから。
・少しずつ調べると，誰だかわかってしまうから。
・写真が入っているから，知り合いならわかる。
・後を付けられて，犯罪に使われてしまう可能性があるから。

☆個人情報が流出してしまうと，犯罪に巻き込まれてしまう危険性があることを必ず押さえる。

「わたし」にホームページに危険があることを伝えられたとき，よっちゃんはどんな気持ちになりましたか。

・名前や電話番号はのせていないから大丈夫だよ。
・そんなの気にしなくてもいいよ。
・せっかくのせてあげたのに…。

〈板書6〉
□ワークシートに記入する。

・楽しみにしているって言ったじゃん。	
怒って行ってしまったよっちゃんを見て，「わたし」はどう思い，どうしていったと思いますか。	〈板書7〉 □ワークシートに各自記入。 ☆危険性があることをしっかり認識し，どうしていくべきかをじっくりと考えさせる。
・よっちゃんを嫌いになる。 ・多くの人が，同じように言うと思うよ。 ・そんな怒って言ったって，個人情報がもれてしまったら大変だと思う。 ・先生に相談したと思う。 ・やっぱり消してもらいたいことを伝える。 ・犯罪の例を出して説得する。 ・くわしく話をして，仲直りしたい。	☆いろいろな方法を認めつつ，放置すると危険であることを押さえる。
3．自己のふり返りをする　［終末］	
今日の学習を終えて，今後どのようにしていきたいと思いましたか。 （情報の特質に迫る投げかけの例） ・自分がホームページをつくるとしたら，どんなことに気をつけますか。 ・友だちのホームページに個人情報がのせられていたら，どうしますか。	
・注意するときは相手の気持ちを思って注意する。 ・けんかになったら仲直りできるように話し合う。 ・友だちが個人情報をのせていたら注意する。 ・まちがっているところを書き直すように教える。 ・個人情報を入れないように注意する。 ・自分がつくるとしたら，個人情報を入れないようにする。	☆「わたし」の立場になったときに，どのように行動すればよいのかを発表させる。 □ワークシートに記入。（5分ほど） ☆友情に関する意見も認め，今後の生活に生かしていけるようにする。 ☆個人情報の扱い方について押さえる。

T：友だち同士のトラブルはよくあることですよね。解決に向けて努力することは大切なことです。特に今回のように個人情報にかかわっている場合は，お互いにとって危険なことなので，なるべくはやく2人でじっくりと話し合うか，信頼できる大人に相談するのがよいですね。もちろんみんなも，個人情報の扱い方には十分に気をつけていってほしいと思います。

5●授業の展開モデル例

4．板書例

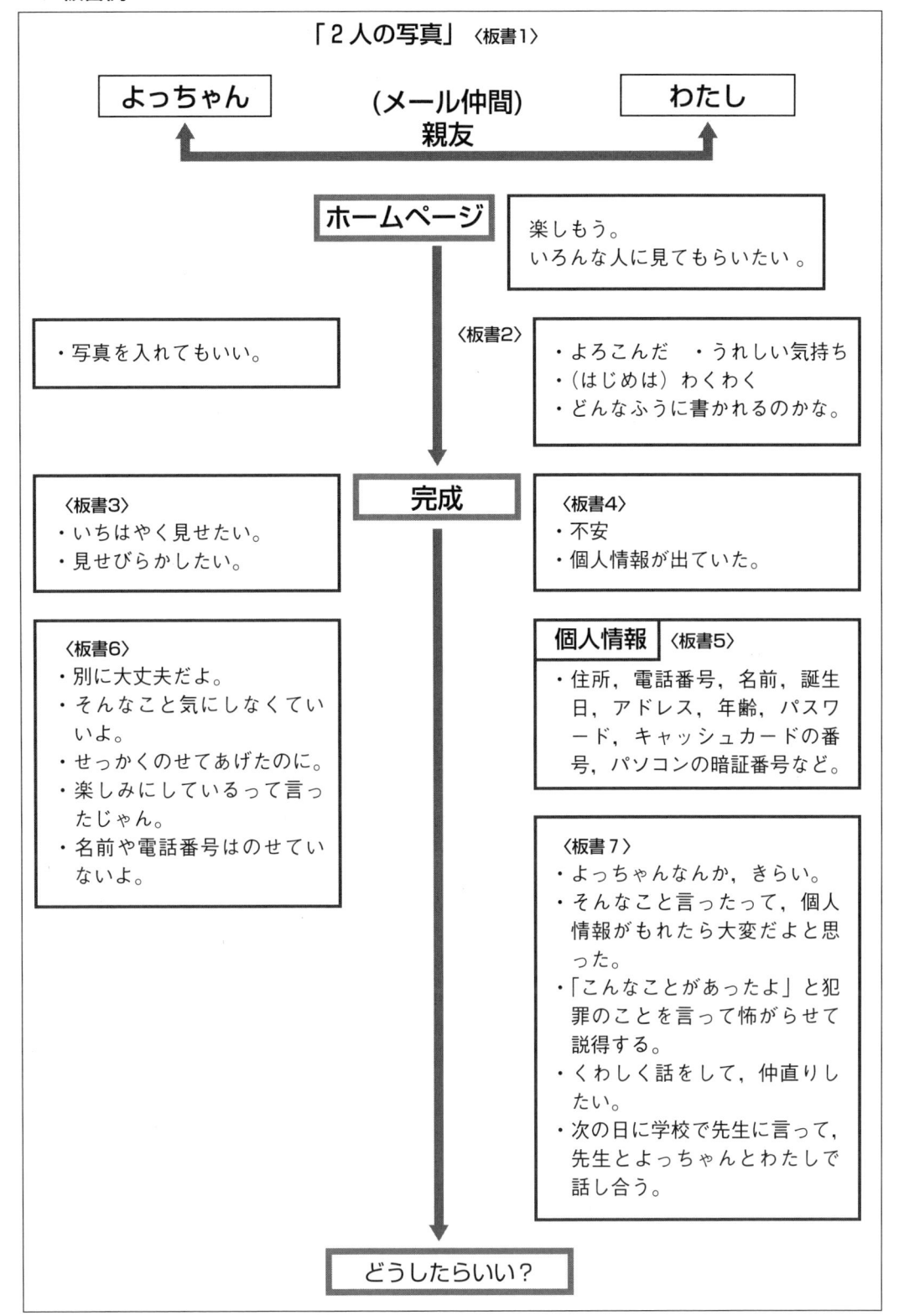

「2人の写真」〈板書1〉

よっちゃん ←――(メール仲間) 親友――→ **わたし**

ホームページ

楽しもう。
いろんな人に見てもらいたい。

・写真を入れてもいい。

〈板書2〉
・よろこんだ　・うれしい気持ち
・(はじめは) わくわく
・どんなふうに書かれるのかな。

完成

〈板書3〉
・いちはやく見せたい。
・見せびらかしたい。

〈板書4〉
・不安
・個人情報が出ていた。

〈板書6〉
・別に大丈夫だよ。
・そんなこと気にしなくていいよ。
・せっかくのせてあげたのに。
・楽しみにしているって言ったじゃん。
・名前や電話番号はのせていないよ。

個人情報 〈板書5〉
・住所，電話番号，名前，誕生日，アドレス，年齢，パスワード，キャッシュカードの番号，パソコンの暗証番号など。

〈板書7〉
・よっちゃんなんか，きらい。
・そんなこと言ったって，個人情報がもれたら大変だよと思った。
・「こんなことがあったよ」と犯罪のことを言って怖がらせて説得する。
・くわしく話をして，仲直りしたい。
・次の日に学校で先生に言って，先生とよっちゃんとわたしで話し合う。

どうしたらいい？

5．ワークシートに見られる児童の感想

（「今後どのようにしたいか」の情報モラルに関した感想）

〈ホームページに関したルール（情報モラル）を考えた感想〉

○自分のホームページを作るなら，よく考えたほうがいいと思う。もし友達がこんなことになったら，すぐに先生に言ったほうがいいと思う。よっちゃんは多分じっくり考えずにホームページを作ったと思うからよく考える。
○わたしは，これから，もし，ホームページを作るとしたら，人の名前などを入れないようにする。自分でも，人の名前や電話番号は，かってに書いたりしちゃいけないと思いました。相手の気持ちをちゃんと考えるようにしたほうがいいと思いました。
○よっちゃんのホームページみたいに個人情報を人に言わないようにしたい。もしホームページを作るときは，個人情報を入れない。
○２人はホームページのことでもめごとをしてしまったから，こういうことをやると友達との仲がこわれたり，危険なこともあるということがわかりました。ホームページを作るときには，慎重にやらなきゃいけないことを学習しました。ホームページを作るときは，個人情報を入れないように注意する（写真も）。
○ホームページを作るときは，「○○…をのせるんだ」や「書いていい？」と聞いてから作ったほうがいいと思います。そうすれば，作ってもらうほうも安心すると思いました。
○友達がいて「紹介してもいい？」って言われたら「２人の写真」のようなことになってしまうかもしれないから，そういうことは気をつけたほうがいいと思いました。
○ホームページには友達のことはあまりくわしくのせないほうがいいと思った。へんなこと（犯罪に発展しそうなこと）にかかわりたくないなと思った。
○よっちゃんとあき子みたいにしたくない。もし，ホームページを作るとしたら，個人情報は入れない。
○わたしもホームページをもっているけど，個人情報はもらさないようにしています。よっちゃんは個人情報をもらしたらどうなるかわかっていないからやったと思う。

〈ホームページ作りを通して，一般のルールの守り方を考えた感想〉

○自分がもしもホームページを作るときは個人情報をのせないように気をつける。友だちが個人情報をホームページにのせたら注意する。
○もし友だちがホームページを作って個人情報がもれるようなことが書いてあったら，何回でも言う。でも，よっちゃんのようなことになってしまったら先生に相談する。最初に「個人情報をのせない」ということを確認してから作らせる。
○もし，わたしが友だちに「自己紹介のところにあなたを紹介してもいい？」って聞かれたら，まず，その友だちに「わたしの何を紹介してくれるのか，教えて？」と言います。それか「できる前に見せて！」と言います。逆に，わたしがさそうときは「とっても仲良しな子がいます」だけ

しか書かないと思います。あと，ホームページを作るときは，個人情報を書かないようにします。
○わたしはクラスの中の4人グループで行動をするけど，ときどきこのようなことが起きてしまいます。その理由は，いつも自分の考えを言いたりなかったりするときが多かったからです。しっかり話し合いをすれば仲直りできる。個人情報を知らない人やへんな人に知られてしまったら，とてもあぶないと思いました。ホームページに顔の写真などのせないようにしたいし，しなければならないと思います。

〈ホームページのルールと一般のルールの両方を考えた感想〉

○ときには，親友でもけんかをするときはあると思います。でも，すぐに仲直りできたので，よっちゃんやあき子も仲直りしてほしいのです。わたしもけんかしないように気をつけたいです。「ホームページにのせてもいい？」って聞かれたら，「個人情報」を入れないように注意する。
○悪いことをやっている人には，やめるまで注意しないといけないと思いました。パソコンで個人情報を教えないようにする。
○遊びのルールを守ってけんかのないようにする。ホームページを作るとしたら絶対に個人情報をのせない。
○注意するときは，ただはっきりと注意するだけでなく，相手のことも考えて注意する。わたしがもしホームページを作るとしたら，絶対に個人情報をのせないように注意する。
○人の言ったことを素直に受けとめる。また，まちがっていたところを違うふうに書きかえたりする。
○まちがっているときは，はっきりと「やってはいけないよ」と相手のことも考えて言う。困ったときは先生に相談する。もし，どうしても個人情報を書くところがあったら，まずお母さんに相談するようにする。
○ホームページには個人情報をのせない。自分の言ったことは，きちんと守る。

〈一般ルールの問題を考えた感想〉

○いけないことを友だちがやっていたら，たとえきらわれても注意する。
○仲の良い友だちでも，悪いことをしていたら，注意してあげたい。友だちだから注意しないんじゃなくて，友だちだから注意できるようにしたい。注意するときは，相手のことを考えてから注意する。
○注意するときは，もう少し相手の気持ちを思って注意する。もし，けんかになってしまったら，そのままにしないで，2人で仲直りできるように話し合う。
○注意をして，それがけんかになってしまったときは，ちゃんと言ったほうがいいと思いました。もし，けんかしたら，仲直りをする。

6．資料
◆自作資料「2人の写真」

　わたしは5年生になって，趣味が一つ増えた。それはメールだ。特に2年生のときから仲の良いよっちゃんとは，ほとんど毎日メールのやりとりをしている。

　よっちゃんはパソコンを使うことが得意で，絵を描いたり，作文をパソコンで書いたりもできる。わたしも，いつかはよっちゃんみたいにパソコンを自在に使えるようになりたいな，と思っている。

　ある日の休み時間のことだった。

　「今ね，自分のホームページを作っているんだ。その中に自己紹介のコーナーがあるんだけど，あき子のことも"私の親友"ってことで紹介してもいいかな？」とよっちゃんが言ってきた。

　よっちゃんが作るなら，きっと楽しいホームページになるだろうし，そのうえ，わたしのことを親友と呼んでくれてうれしくなり，すぐにこう答えた。

　「えっ，わたしのことも？　もちろんいいよ，楽しみにしているね！」

　「ありがとう！　あと2，3日で完成すると思うから，そうしたらメールするね！」と，よっちゃんもうれしそうに言ってくれたので，わたしはもっとわくわくしてきた。

　数日後，よっちゃんから「お待たせ！　ホームページができました (^_^) v　アドレスを下にのせておくから見てね (^_-)」というメールが来た。わたしはわくわくする気持ちをおさえながら，ホームページを開いてみた。あった，あった。わたしのことも，ちゃんと書いてあった。でも読みすすめていくうちに，わたしはとても不安になった。なぜなら自己紹介コーナーには，よっちゃんとわたしの2人の写真とニックネーム，2人の学年，学校の写真，クラスの先生のニックネームなどが書かれていたからだ。

　じつはこの前，朝の会で「電話やメールで個人情報を聞き出そうとする人がいるそうです。個人が特定されてしまう情報を知らない人に教えると，へんな人に後を付けられたり，犯罪に使われてしまったりすることがあるので，絶対に教えてはいけませんよ」ということを先生から言われたばかりだったからだ。よっちゃんのホームページでは，そのような危険があると感じたので，伝えることにした。

　でも，よっちゃんは，全然気にしていないようだった。

　「大丈夫だよ。だって名前や電話番号のせていないもん。誰だかわからないよ」

　「でも学校や学年がわかれば，わたしたちのことなんてすぐにわかっちゃうよ…」

　「調べる人なんて，いるはずないじゃん。気にしすぎだよ！」

　ますます不安になったわたしは，

　「犯罪に巻き込まれないようにするためにも，すぐにやめたほうがいいよ」

　と，はっきりと言った。するとよっちゃんは，

　「なんでそんなこと今になって言うの？　あき子がのせてもいいって言ったじゃない！　楽しみにしているって言ったじゃない！　せっかく2人の写真をのせたのに！　もうあき子とは話したくない！」

　と，怒って行ってしまった。

7．授業を終えて

　生活の中から情報モラルの素材を道徳の資料にして，道徳のねらいに近づける授業展開の難しさを，授業を実践してみて感じた。

　最終的なねらいを，情報モラルを素材にしながら一般ルールのねらいに転化していくか，情報モラルを素材にして情報化時代のルールのねらいに特化するかが，曖昧な展開例になってしまった。

　であるから，この展開モデル例を参考にされ，道徳の時間で情報モラルの授業実践をされる場合は，最終的なねらいの置き方で，破線で示した転換点に近接した際には，何を重視するかによって，下図のように変えていってほしいと思う。

	〈展開モデルの活動の流れ〉	〈情報重視〉	〈一般重視〉
導入／一般ルールに関した活動	生活一般でルールを守らない友だちを注意して，トラブルになったことはあるか。		
展開／情報モラルに関した活動	ホームページに関したルールで，「わたし」はどんな気持ちだったと思いますか。	展開及び終末で一般ルールを扱わずに情報モラルのみで扱う。	前半は情報モラルを薄くして，
展開／一般ルールに関した活動	一般ルールに関して「わたし」はどう思い，どうしていったと思いますか。		後半は一般モラルを厚くした展開にしていく。
終末／一般ルールに関した活動	トラブルに出会ったとき，一般ルールをどう考え，自分はどう対応していくか。		

（馬場智志）

展開モデル例③ (小6 道徳)

信じる？ 信じない？
―― 情報の特性を理解し，責任をもった情報の発信・受信の仕方を学ぶ ――

1．授業の位置づけ
◆学　年　小学6年（5年でも可）
◆授　業　道徳「信じる？ 信じない？」(内容項目：公徳心，規則尊重)
◆場　所　教室
◆用意するもの　プロジェクター等の教材提示装置（なくても学習は可能）
◆ねらい
　○友だちとの日常生活のなかで，ある情報と向き合うときに，その情報の先にある友だちの気持ちを考えようとする心情を育てる。
　○情報には真偽があることを知り，事実とは異なる情報を発信した理由を考えることによって，情報を批判的に分析することの大切さを知る。
◆主題設定の理由
　情報社会に生きる子どもたちは，コンピュータや携帯電話による電子メール交換や情報の収集や発信は日常的な行為になっている。しかし，コンピュータを活用した調べ学習の様子をみると，情報の真偽を確かめずに情報をそのまま信じて利用している児童が多い印象を受ける。
　情報には真偽があることを知り，情報には送り手の意図が含まれていることを理解することは，情報を批判的に分析し，的確に収集・発信する資質を養うことにつながり，これらは情報社会を生きるうえで必要不可欠な資質であると考える。
　本資料に登場する監督と選手との関係は，メディアが報道する偽の情報に惑わされることなく，互いの信頼関係による真の情報を信じることの大切さを示している。児童にはその場面にふれさせ，情報には真偽があり，それを見抜く力が必要だということを気づかせたい。また，日常生活での情報によるトラブルの経験をあげさせ，今後の情報機器を用いたコミュニケーションにおけるルールやマナーについて考え，情報に責任をもって発信・受信できる資質を高めていくきっかけとしたい。

2．指導計画 (計2時間)
　①情報には真偽があり，情報の送り手の意図が込められていることの理解。（第1次）
　②見えない相手との情報のやりとりにおけるルールとマナーを考える。（第2次）

3．授業の展開と児童の反応
◆学習のめあて
1　相手の立場を考えて責任をもって情報を発信しようとする心情を育てる（道徳）。
2　情報を批判的に分析することの重要性を理解させる（情報モラル）。
3　情報のつくり手の意図を知り，身の回りの情報について多様な見方・考え方をもつことができるよう促す（情報モラル）。

◆授業展開のポイント

○道徳学習のめあての達成を優先する
　道徳学習のめあて達成のため，情報モラルの内容を扱う姿勢で授業を展開する。本授業の資料は，メディアの特性を児童に理解させる目的で作成したが，児童の実態に応じて，「手紙のやりとり」「交換手帳」など児童の学校生活から素材を利用することもできる。
○情報には真偽があることを確実に押さえる
　情報の特性としての「情報の真偽」を考えることは，情報モラルに関する重要なテーマであり，今後の情報モラル学習についての理解・促進につなげていく（真の情報を偽の情報にしてしまう行動であるという切り口からの授業展開が可能）。
○情報の受信者・発信者の双方の立場に立たせる
　情報には真偽があることを理解するうえで留意したいことは，情報を受信者の心情だけでなく，発信者の心情からも考えさせることである。真の情報であれ，偽の情報であれ，情報には発信者の意図が込められていることを知ることで，新聞の読みくらべなどの学習で各紙の主張を読み取る活動にも生かすことができる。
　児童の日常生活において，高学年ともなると，友だちの悪口や噂などを手紙や電子メールでやりとりすることによるトラブルの事例が多くなっている。手紙や電子メールを受け取った児童が，「この情報は本当だろうか。そうだとしたら，友だちはどのような意図をもってこの情報を送ったのだろうか」と考えることができるように，情報の発信者・受信者の立場を繰り返し経験させる学習の場を設定することが有効である。

◆授業の流れ
（・は児童の発言，□は行動，☆は指導上の留意点）
（第1次）情報には真偽があり，情報を送る者の意図が込められていることを理解する。

学習活動（主な発問と児童の反応）	学習活動への支援・留意点
1．監督の写真（イラスト）を見せる　［導入］ 　「この男性が誰だか知っていますか。」 ・○○監督だ（クラスの7割の児童が既知。本展開モデル例では仮名を用いているが，実際の授業は実名で行った）。	□監督の写真を示す。 □資料1の配付。

「監督について，知っていることを何でも言ってください。」	
・サッカーチームの監督をしていた。 ・今は国の代表チームの監督。 ・いばってそうな人（メディアから受けた印象）。	
2．資料を読んで話し合う〔展開〕	□実際の試合の映像をビデオで視聴した後，資料1「真実の証明」(p.54)を読みすすめる。 ☆映像は映さず，資料1に直接入ってもよい。 ☆自らの体験から嘘の情報を他者に発信した経験をふり返らせる。
「監督はどのような人柄だと感じましたか。」	
・優しくて温かい人。 ・勝ち負けにこだわる人。 ・自分の意志を強くもっている人。	
「みんなは嘘をついたり，つかれてしまったことによって誤解を受けたことがありますか。」	
「記者の嘘を信じてしまった人が多かったのはなぜでしょう。」	☆映像は言葉によって違う印象を与えることを実感させる。 □資料1の挿絵の部分をプロジェクターで示す。
・写真に写っていたから。 ・新聞の記事になっているから。 ・悪そうな人だと思っていたから。 ・映像を勘違いして見てしまった。	
「記者はなぜ嘘の記事を書いたのでしょうか。」	☆嘘の記事を書いた理由を考えさせることで，情報には発信者の意図が込められていることに気づかせる。
・監督を困らせたい。 ・監督をクビにしたい。 ・ビッグニュースにして自社を有名にしたい。 ・自分たちの言うことをきかなかったから。	
「選手はなぜ嘘の情報を信じなかったのでしょうか。」	☆2人の信頼関係が嘘の情報に惑わされなかった理由の一つであることをとりあげたい。
・監督がいつもどおり接してくれた。 ・本当の監督を知っている。 ・監督を信じていた。 ・実際やったという証拠がない。 ・昔からの知り合いで監督が好きだった。	

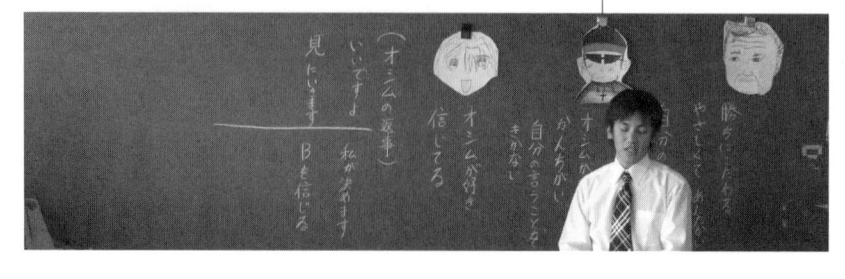

学習活動（主な発問と児童の反応）	学習活動への支援・留意点
3．まとめの話し合いをする　［終末］ 　映像を使った情報でこわいと思ったのはどんなところでしょうか。 　自分が記者だったとしたら，何に気をつけて記事を書きたいと思いますか。	☆情報には真偽があり，互いに信頼関係がなければ情報に惑わされてしまうことがあることを押さえる。

（第2次）相手が見えない状態での情報のやりとりにおけるルールとマナーを考える。

学習活動（主な発問と児童の反応）	学習活動への支援・留意点
1．前時の監督・記者・選手の関係をふり返る　［導入］ 　監督・記者・選手はそれぞれどんな人たちだったでしょうか。	☆記者がファンになりすまして送った電子メールであるが，この事実は伝えないでおく。 □資料2「監督に届いたメール」(p.55)を読む。 □資料3のワークシート(p.55)を配付する。
2．資料2「監督に届いたメール」について，返事を書く　　［展開］ ・記載した返事の内容（p.56参照）を聞く。 　相手はどのような思いで，自分に情報を送ったのかを考えて，返事を書いてみましょう。 **返事の内容を発表し合い，なぜそのような返事を書いたのか，意見を交わす。** ・C選手を見に行けば，メールの内容の真偽がわかる。 ・自分ならB選手をメンバーから外そうとする。 ・自分の目で確かめないと，誤解するから。	☆各児童の反応を観察し，どのような立場に立ち，情報の伝達をしているか把握する。 ☆情報には発信者の意図が込められていることを理解し，今後の情報とのかかわり方について考えてみる。 ☆話し合いの最後に，電子メールの送り手の正体を明かす。
3．まとめの話し合いをする　［終末］ 　「相手の立場や気持ちを考えたとき，どのような情報（手紙・言葉かけ・電子メール）を送ることが大切だと思いますか。」	☆正しい情報を責任をもって発信・受信する必要性を感じることができるよう促す。

資料1
◆読み物資料「真実の証明」

「真実の証明」

　1990年，サッカーのワールドカップ大会ユーゴスラビア対スペイン戦，味方からパスを受けたユーゴスラビア代表のエースＰは，ブロックに来た相手の選手を鮮やかにかわしシュートを決めると，即座に監督に向かって走りだしました。そして祝福に駆け寄るチームメイトより先に，一目散に監督の胸に飛び込みました。

　その選手はその時のことを振り返りながら話し始めました。

　ユーゴスラビアはサッカーがとても盛んな国です。試合の翌日には新聞でもテレビでもサッカーに関する記事や報道でいっぱいになります。

　それが国の代表チームの監督ともなると，その行動や言葉すべてに注目が集まります。

　監督は，監督になるとすぐに，これまで国内でスターだった選手ではなく，有名ではなくとも，若くて才能があり，チームのために一生懸命プレーする選手を代表チームに呼びました。新聞やテレビなどのメディアは，「有名な選手を選ぶべきだ」と要求しても，それを聞き入れずに，サッカーの実力で平等に選手を選ぶ監督に不満を持ちました。そして様々なやり方で監督を攻撃しました。

　あるスポーツ誌は，トランプを楽しんでいる監督の写真を使って，次のような記事を出しました。

「ギャンブル好きの監督，選手を誘って賭けポーカー」（授業では拡大して掲示）

イラスト：大和市立草柳小 日原裕之教諭

　そのような嘘の記事が出た後は，監督は試合を見に来る観客から汚い言葉を浴びるのでした。

　ある新聞では「若い選手は，監督の厳しい練習に不満で，陰で文句や悪口を言っている」と選手と監督の関係を悪くさせるような嘘の報道で，監督を責めました。

　選手はそのような報道があっても，いつも通りに厳しくも温かく接してくれる監督の姿に涙があふれそうになりました。そして，一瞬でもそのような記事に動揺した自分を恥ずかしく思いました。

　選手は自分と監督を引き裂こうとする，嘘の報道が許せませんでした。だから，自分がゴールを決めたら，監督のもとに走ろうと決めていたのです。

　「あの時に監督に抱きつきにいったのは，テレビの映像を通して多くの人に真実を証明したかったのです。」

参考資料：木村元彦「愛弟子たちが語る指揮官 オシムの証明」『スポーツ・グラフィック ナンバー』660号，文藝春秋

資料2
◆自作資料「監督に届いたメール」

> To　監督
> 　私は，代表チームを10年以上応援し続けているAともうします。先日，P選手の監督への文句の記事を新聞で見ました。その記事の内容が事実かどうかはわかりませんが，陰で文句を言う選手がいるのは本当です。実は2日前のチームの練習を見学に行ったとき，Bという選手が休憩中にこんなことを言ったんです。「毎回試合に出てる選手たちは，監督にお金を渡しているらしいぜ。だから，そんな汚いマネをしないオレはいつも補欠なんだ。」
> 　監督の陰で，こんなデタラメなうわさを広める選手は最低でムカつきます。今後，チームの雰囲気が悪くなる前にB選手を代表からはずすべきです。私の住んでいる，トリノに若手のC選手がいます。練習熱心で，代表に選ばれる日を夢みてがんばっています。ぜひ，一度C選手を見に来てください。
> 　　　　　　　　　　　　　　　　　　　　　　　　　　　　　　　　　　　　From　A

※相手はどのような思いで，自分に情報を送ったのかを考えて返事を書いてみよう。

☆今後，相手のことを考えて情報（手紙・メールなど）を送るとき，気をつけたいことは何ですか？

資料3
◆ワークシート

「信じる？　信じない？」ワークシート　　　　　　　　名前

○この話を読んで，監督はどのような性格の人だと感じましたか？

○ウソの情報を信じてしまった人が多かったのは，どうしてだと思いますか？

○記者さんへの質問です。あなたはなぜ，ウソの記事を書いたのですか？
　記者「それは，
　　　　　　　　　　　　　　　　　　　　　　　　　　　　　からです。」

○P選手への質問です。あなたはなぜ，ウソの情報を信じなかったのですか？
　P選手「それは，
　　　　　　　　　　　　　　　　　　　　　　　　　　　　　からです。」

4．ワークシートに見る児童の感想

◆「監督に届いたメール」の返事の内容

〈嘘の情報を信じてしまった返事〉

> ○そうですか。わかりました。今から行きたいのですが，こまかい内容を伝えてください。
> ○わかりました。そんなに練習熱心な，いい選手がいるとは知りませんでした。今度見にいかせてください。
> ○はい。ぜひ見に行きます。B選手には，代表からはずす前に金は渡されていないと証明して，それでもわからないなら，はずします。
> ○ありがとうございます。ぜひ，今度機会があったら見に行きたいと思います。これからもどうぞ応援よろしくお願いします。
> ○陰でそんなことを言っている人は許せないですね。でも，B選手はチームからははずさず，なんとかわかってもらいます。
> ○文句を言う人は，わたしが試合に出さないから，そんな文句を言ったんだと思います。
> ○わかりました。すぐにB選手をはずし，C選手を見に行きます。

〈情報を鵜呑みにせず自分の考えを書いた返事〉

> ○メールありがとう。トリノへ行ってC選手には会ってみるよ。B選手は様子を見て本当だったらはずすよ。
> ○Aさんがわたしを思って一生懸命書いてくれたのかもしれないけど，わたしはそんなことを言う選手はいないと信じます。
> ○そのようなことを言っている選手がいたなんて知りませんでした。本当か嘘かわかりませんので，今は決められません。
> ○本当にBがそう言っているのかわからないので，もう少しBの様子を見てからCを見に行きます。
> ○たぶんあなたは嘘を言っていますよね。聞いてみます。もしも嘘だったら警察に通報します。わたしは選手を信じます。
> ○陰で文句を言う人がいるか，いないかは，どっちでもいいです。でも，わたしはB選手を信じているので，B選手ははずしません。これからもいつもどおりにやりたいと思います。
> ○メールは見ました。でも，それは監督のわたし自身で決めることです。

◆今後，相手のことを考えて情報を送るとき，気をつけたいことは何ですか。

〈おもに情報の送り手としての立場から書いた感想〉

> ○嘘の情報を送らずに，正しい情報を運ぶ。
> ○送る人に安心してもらうための情報を送りたい。
> ○相手の人が傷つくことはメールの中に入れない。

○相手に信用されるような情報を送りたい。
○嘘の情報を書かない。本当のことを書く。
○メールをするときは友だちとだけなので，友だちを信じているので，特に気をつけることはありません。気をつけるとしたら本当のことを書くことだと思います。
○表情が見えないやりとりだから，気をつけたい。
○顔が見えないからといって調子にのらない。気をつけてメールを送る。
○顔が見えないから文字でも気持ちが伝わるように工夫する。
○絵文字，顔文字を入れたり，「！」マークを入れたり，言葉のつかい方に気をつける。

〈おもに情報の受け手としての立場から書いた感想〉

○情報の送り手がどこの誰なのか，くわしく聞く。
○本当のことを言っているのかどうか，よく考えたい。
○「オレオレ詐欺」やこのような嘘のメールをすぐに信じないで，それに関してよく考える。
○文章だけにだまされないようにする。
○相手から教えてもらった情報を一度確かめるようにしたい。

5．授業を終えて

◆教材について

監督と選手という実在の人物（本授業では仮名）をモデルに読み物資料を作成した理由は，下記の2点である。

1．現在，日本代表チームの監督を現役で行っている監督をメディアで見るたびに，児童が本授業を想起できるのではないかと考えた。
2．大人でさえ，情報の真偽を見抜くのは難しいという事実を伝えるとともに，メディア（新聞・テレビ）の特性を伝える上で，スポーツという分野は児童が興味・関心をもつ素材として適していると考えた。

「監督へのメール」で，メールの内容を鵜呑みにしてしまう児童が多かったのは予想どおりであったが，「B選手を信じたい」「自分で確かめてから決めたい」という，<u>情報の真偽について考察する児童もいたことは，読み物資料を読んだ後に取り組む学習としての効果</u>が見えたのではないかと分析している。

◆授業のねらいについて

ワークシートの感想を見て，道徳と情報モラルの目標の達成へとつながるコメントが多かったので，同様のテーマの学習を重ねることで，児童に「情報の特性」への理解が深まることを期待している。

(佐久間　厚)

展開モデル例④ (中1　道徳)

優先席での携帯電話
―― マナーの大切さを考える ――

１．主題名「携帯電話の車内マナー」（内容項目：礼儀，マナー）

２．授業の位置づけ

◆ねらい

　いつでもどこでも気軽に利用することができる携帯電話に対し，特徴を理解したうえで，周囲に配慮した適切な使い方を考え，実践しようとする心を育てる。

◆主題設定の理由

　携帯電話はいつでもどこでも気軽に通話・通信ができるため，電車内で利用する人も多い。一方で，交通機関を中心に「車内マナー向上運動」が展開されるなど，車内における携帯電話の使い方について疑問を投げかける意見も多い。携帯電話の利用を禁止するのではなく，よりよい使い方を共に考えていこうとする社会の様子がうかがえる。

　中学生は，携帯電話を使い始めると没頭し，周囲のことが全く気にならないという。また，携帯電話の特徴をよく理解せず，便利さだけを追い求める傾向も見られる。そこで，車内での携帯電話利用マナーに関する投書を素材にして，礼儀正しい携帯電話の使い方について考えさせることをねらい，本主題を設定した。

◆読み物資料

原資料『メールできない優先席に』（会社員　48歳）（2006年4月15日『神奈川新聞』投書）

> 　電車利用のモラルが低下しているのは昔も今も変わらない。うるさい音漏れの発生源がハードディスク搭載の携帯端末であったり，優先席にどっかり腰を落とし，夢中でメールを打ち続ける行為だったりする。道具としての機器が悪いのではなく，利用者の一部がマナーを守らなかったり，使い方がまずかったりする。それらが原因で多くの人たちが迷惑を被る。
>
> 　ある日乗った地下鉄の優先席で珍しい光景を目にした。年配の男性が向かい側に座ってメールを打ち続けるOL風の女性に「電源を切りなさいよ」と注意した。女性は無視したままメールを打ち続けた。中止の要請は拒絶された。
>
> 　携帯を使う機械と化した人物に男性の声は届かない。言えば制止できると期待した男性の気持ちが報われず，哀れでならない。木や石と同じ存在に人間の言葉で語りかけても無駄である。
>
> 　提案したい。優先席エリアに限り，携帯の送受信ができないように処置してもらいたい。電子レンジ用の防電磁波の特殊紙を張れば寸断できる。

◆道徳的判断の基準として理解させたい携帯電話の特質
　携帯電話は，無線を介して通話や通信（電子メール，情報検索，音楽や画像の入手，買い物など）ができる。したがって，いつでもどこでも気軽に利用することができる。

3．授業の展開
◆授業展開のポイント

> 次の点を意識するとよい。
> （1）「携帯電話」という言葉を意識して用いる。
> （2）それぞれの立場から，その場面での気持ちを探らせる。
> （3）携帯電話の特徴に気づかせ，その特徴を踏まえたよりよい使い方を考えさせる。

（1）「携帯電話」という言葉を意識して用いる
　教師が一貫して「携帯電話」という言葉を用いることで，生徒が携帯電話に対する意識を少しずつ強めていく。そのため，話し合いが携帯電話の方向に焦点化され，登場人物の携帯電話に対する気持ちを想像しやすくなる。

（2）それぞれの立場から，その場面での気持ちを探らせる
　携帯電話に対する批判的な立場だけにとらわれるのではなく，携帯電話を気軽に利用している女性の立場，この場面を客観的に見ている周囲の人々の心情にも注目させる。そうすることで，生徒自身が，自分に近い感情を見つけやすくなり，携帯電話に関するさまざまな感情を引き出すことができる。その結果，話し合いの中から携帯電話の特徴がより鮮明に浮き彫りになる。

（3）携帯電話の特徴に気づかせ，その特徴を踏まえたよりよい使い方を考えさせる
　携帯電話の特質自体に善悪はなく，利用者のマナー次第で便利にもなり，迷惑行為にもなる。例えば，聴覚に障害のある人が着信音を大きくしておけば，利用者にとっては便利だが，突然大きな着信音を聞いた車内の人々は驚き，不快感を抱く。これは，携帯電話がどこでも電波を受信でき，着信があればすぐに音や振動で知らせる仕組みになっているという機能（特徴）に起因する。したがって，利用場面や状況に応じて，携帯電話の機能を適切に利用しようとする考え方や態度を養いたい。

4．授業展開モデル例
◆授業展開のポイント

> 　携帯電話の特徴に気づかせる投げかけは，次の2通りのタイミングが考えられる。
> ①話題の中で適宜，特徴にふれる。
> 　例1：携帯電話って，いつでもメールを受け取れるんだね。
> 　例2：携帯電話は，一言もしゃべらずにメールをやりとりできるからね。
> ②【発問4】（p.62）のように話し合いの後半で気づかせる展開をつくる。

例3：なぜ，携帯電話ではこのような問題が起こるのだろう。
※①のように適時性を考えて扱うほうが，生徒の心情に届きやすいと思われるが，②のように扱えば，生徒が特徴に気づきやすくなるし，教師も展開しやすいだろう。①と②を適宜組み合わせていきたい。

◆授業の流れ

(・は生徒の発言，◎は指導者の発言，□は行動，☆は指導上の留意点，下線部は授業展開のポイントとなる投げかけや留意点や大切にしたい発言)

学習活動	指導上の留意点
1．携帯電話の使い方を思い出す［導入］ 【発問1】携帯電話は，いつ，どんな使い方をしていますか。 ・家に帰ってから，塾が終わったときに，駅のホームで。 ・メール，ホームページを見る，買い物，通話に使う。 ・自転車に乗りながら（あるいは車内で）メールする。 ・自転車で走りながらメールするの？　それ危なくない？ ・だって，メールだったら迷惑にならないし。	☆日常生活での利用場面を想起させ，主題を意識させるようにする。 ☆生徒がもつ，携帯電話に対するイメージ・経験・感情を引き出すようにする。
2．資料を読んで，話し合う［展開］ 【発問2】今日は，電車の中で携帯電話を使う場面について考えてみよう。 ・こんなことあった。すごい大きな声で笑ってる人がいた。 ・ゲームの音とか，着信音が大きくて，うるさいと思った。 【発問3】車内にいた人の気持ちを想像してみよう。 【発問3－1】OLの女性は，なぜ注意を無視してまでメールを打ち続けたのだろう。 ・向こうからメールがきたら，しかたないのではないか。 ・メールが来たらすぐに返事しなきゃ，意味ないじゃん。 ◎携帯電話って，いつでもメールを受け取れるんだね。 ・メールだったら，迷惑にならないよね。 ◎携帯電話は無線でメールをやりとりしているからね。 ・でも優先席でしょ？　携帯電話は使っちゃいけないよ。 ・メールだったら迷惑にならないよ。通話は迷惑だけど。 ◎携帯電話って，どこでも使えるんだね。 ・緊急の用事だったら，通話も必要ではないか。	□資料を見せ，朗読する。 ☆具体的な事例を取り上げ，話題を焦点化させる。 □気持ちを想像させ，ワークシートに記入させる。 ☆携帯電話利用者の立場から話し合うようにする。

・無視してるんなら「わたしの勝手でしょ」とか思っている。 ・他にも携帯電話を使っている人がいるのだから，他の人にも注意すれば！って感じてると思うよ。 ・別に静かにしてればいいんでしょ？　とかね。 ◎携帯電話は，一言もしゃべらずにメールをやりとりできるからね。 ・「メール打ってるんだからじゃましないでよ」って気持ち？	☆なぜ優先席では携帯電話の電源を切ることになっているの？　その他の席では切らなくてもいいの？　など発展させる。
【発問3－2】注意した男性は，どんな気持ちだっただろう。	☆利用者以外の立場から話し合う。
・優先席だから，携帯電話を使っちゃいけないと思ってるんだと思う。メールでもだめ。 ・注意すれば制止できると思ったんだよ。だけど拒絶されたから腹立たしい。 ・無視されて悔しいと思うよ。頭に来たかもしれない。 ・きっと聞こえなかったのよ。だからしかたないと思ってる。 ・すごく勇気があると思う。自分だったらできない。 ・優先席でなかったら，注意しないんじゃない？ ・だって，優先席にはペースメーカーをつけてる人がいるかもしれないし。電波が出たらいけないんじゃないの？ ◎携帯電話は，いつでも着信できるように強い電波を出し続けているからね。 ・そんなの，優先席以外にもいるかもしれないし。電車の中だったら，どこでもいっしょだよ。 ・だったら，どこで携帯電話を使ってもいっしょじゃん。	
【発問3－3】投書した人がこの場に居合わせたときの気持ちを想像してみよう。	☆客観的立場から話し合う。
・悪いことをしている人がいるから注意しているのに，どうしてやめないの？　と思ってるのではないか。 ・だけど，自分では言えない。 ・少しは人の話を素直に聞き入れることも必要じゃないか？と思ってるんだと思う。 ・電波を遮断するほどの規制が必要なのかな。 ・よほど頭に来ていたのではないか。 ・携帯電話を使える車両と，使えない車両をつくればいいんじゃないかな。 ・メールじゃなくても，いきなり大きな着信音がなったら，み	☆携帯電話に対するとらえ方がさまざまであることに気づかせる。 ☆この事例以外に，車内で気

・んなびっくりするよね。
・写真を撮られたらいやだけど，機械が小さいからわからない。
◎携帯電話は，メール以外にもいろいろなことができるんだね。

【発問4】なぜ，携帯電話ではこのような問題が起こるのだろう。

(1) 携帯電話は，～だから
・いつでも，どこでも使える，携帯電話がないと不安になる，孤独感を感じる，何でもできて便利
(2) それは，携帯電話に～という性質があるから
・いつでも，どこでも，電波が通っていれば通話ができる，インターネットにつながっていて，いつでもどこでも利用できる，どこにでも持ち運べる，通話やメール以外にもできて多機能である。

☆携帯電話の特徴に気づかせ，道徳的判断の段階にさせる。
例：携帯電話が多機能・高性能になったから問題が生じる。
□生徒の発言を板書しながら特徴を整理させる。
☆これまでの会話で特徴にふれていれば，この発問がなくてもよい。

3．よりよいマナーのあり方を考える［終末］

【発問5】あなたは，車内での携帯電話の使い方について，どうしたいと思いましたか。

・私も携帯電話を持っているから，車内や通話してはいけない所ではメール・電話をしないようにしたい。
・電車やバスなどでは，このような光景をよく見るが，私はとくに何もできていなかったと思った。もし，勇気をだして言えたらいいけど，そうでなかったらせめて自分でルールを守ることはできないといけないと思った。

□ワークシートに記入させる。

☆携帯電話の特質を踏まえた，よりよいマナーのあり方を自分なりに考えさせる。

【発問5】のその他の例

◎今日の学習を終え，今後の生活に生かしたいことをまとめましょう。
◎あなたがこの車内に居合わせたらどんな態度をとるか，話し合ってみましょう。
◎携帯電話の特徴を踏まえると，どんな使い方が望ましいだろう？
◎マナーを守った使い方とは？
◎もし，優先席の近くにいるときにメールを着信したら，あなたはどうしますか？
◎もし，満員電車の中で緊急の電話がかかってきたら，あなたはどうしますか？

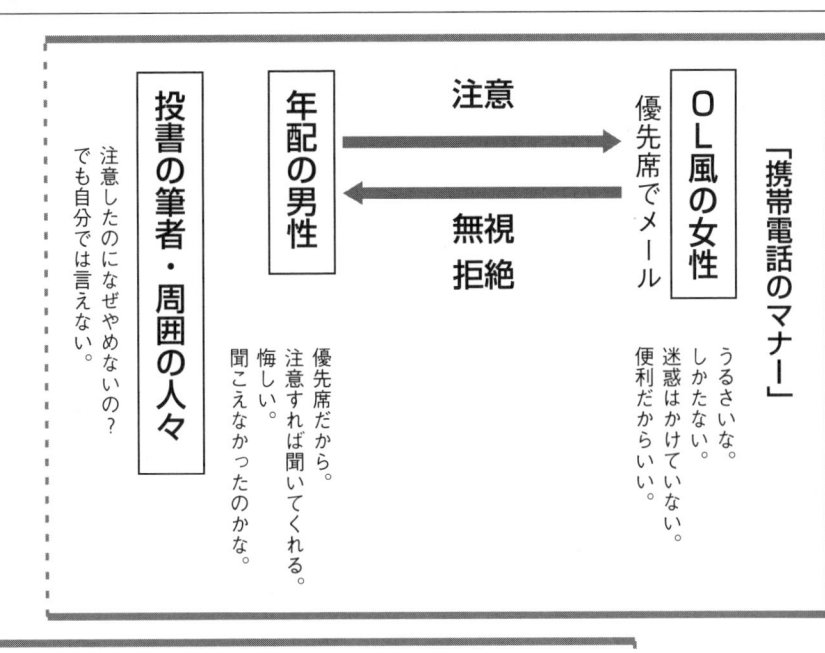

5．板書イメージ

「携帯電話のマナー」

OL風の女性：優先席でメール／うるさいな。／しかたない。／迷惑はかけていない。／便利だからいい。

年配の男性 ←注意→ OL風の女性
年配の男性 ←無視・拒絶

年配の男性：優先席だから。／注意すれば聞いてくれる。／悔しい。／聞こえなかったのかな。

投書の筆者・周囲の人々：注意したのになぜやめないの？／でも自分では言えない。

★なぜこのような問題が起こるのだろう？

◎携帯電話はいつでも、どこでも使える。／携帯電話がないと不安。／孤独感を感じる、何でもできて便利。

◎それは、携帯電話に～という性質があるからいつでも、どこでも、電波が通っていれば通話ができる。／インターネットにつながっている。／どこにでも持ち運べる。／通話やメール以外にもできて多機能。

★あなたは、車内での携帯電話の使い方についてどう考えますか？

【発問4】を設けない場合は，黒板の左側を使い，会話に出てきた携帯電話の特徴をそのつど書き残しておくとよい。

6．生徒の感想例（中学1年の例）

　モデル例を参考に実践した本事例では，「携帯電話の特徴を踏まえて考える」という点で，少し働きかけが弱かったかもしれないが，「携帯電話はどこでも電波を出して，通話や通信ができる」ことを踏まえた生徒が多かった。

　「周囲のことも考えて使いたい」「電源を切るようにしたい」など，礼儀をわきまえた使い方を考えた感想が多く見られた。

　携帯電話が普及しなければ考えないことだと思うので，情報モラルの視点は十分に含まれていると考えられる。

　便利な携帯電話でも，利用者のマナーが悪いと，それはあっという間に，人々にとって迷惑なものになると思いました。専用列車などをつくると解決するかもしれないけど，一番いいのは自分で周りのことを気づかって気をつけることだと思います。

　もうちょっとまわりのことを考えようと思いました。ぼくは電車の中で携帯電話を使ったことはないけど，もしかしたら大きい声で友達としゃべっているかもしれないので，そのへんは気をつけようと思います。

　自分も休日に出かけるとき，携帯電話でメールしたり，遊んだり，情報を得たり，電車の中でしているから，これからは周りの状況を判断して行動したい。

　電車やバスなどではこのような光景をよく見るが，わたしはとくに何もできていなかったと思った。

　もし，勇気をだして言えたらいいけど，言えなかったら，せめて自分でルールを守ることくらいはできないといけない，と思った。

　ぼくも携帯電話を持っているから，車内や通話してはいけないところでは，メールや電話をしないようにしたい（する）。

7．ワークシート

携帯電話のマナー

■話し合いながら，思ったことを書いてみよう。

○車内にいた人の気持ちを想像してみよう。

年配の男性	ＯＬ風の女性
投書の筆者	周囲の人々

○あなたは，車内での携帯電話の使い方について，どうしたらいいと思いますか。

（尾﨑　誠）

展開モデル例⑤（中学　道徳）

ケータイに振りまわされないために
―― 携帯電話と生活習慣 ――

1．主題名 「携帯電話のある生活」（内容項目：基本的な生活習慣）

2．授業の位置づけ

◆ねらい
携帯電話を節度を守って利用し，望ましい生活習慣を身につける。

◆主題設定の理由
　携帯電話は，いまでは通話や電子メール以外にもサイト検索，カメラ，音楽再生など非常に多くの機能を備えるようになった。最近ではクレジット機能や電車の定期券の機能を備えた携帯電話まで登場し，もはや「電話」の域をはるかに超えたマルチ道具である。そのうえ，サイズはポケットにもすっぽり入るほど小さく，とても軽いので，持ち運ぶのにも大変都合がよい。

　また，携帯電話の普及率は年々高くなり，携帯電話を使う年齢層も広がっている。中学生のなかにも携帯電話を持つ生徒はいまでは少なくない。主にメールは友達同士のコミュニケーションの手段として，大きな役割を果たすようになってきている。

　一方，「いつでも，どこでもつながる」便利さ，その機能の多さゆえ，携帯電話に夢中になってしまい，携帯電話に振りまわされてしまう子どもが増えている。夜遅くまで携帯電話で電話や電子メールをして生活リズムを崩してしまう子どももいる。また，勉強中や食事中でも携帯電話が気になって，集中できない子どももいる。

　これから先，さらに携帯電話は進化し，生活の中で大きな役割を果たすようになっていくだろう。いまだけでなく，将来携帯電話を利用する可能性の高い子どもたちにとって，携帯電話の特性と，使用者が携帯電話の使い方をコントロールする大切さを理解させることは重要である。この授業を通し，携帯電話といかに上手につきあい，自分の生活をよりよくしていくためにはどうしたらいいのかをしっかりと考えさせたい。

◆読み物資料
原資料『菜摘のほんとうの生活』（香山リカ＋森健『ネット王子とケータイ姫』中公新書ラクレ）

　16時，自宅に帰ったところから，菜摘の「ほんとうの生活」は始まる。現在東京都内の公立中学校に通う菜摘は2年生。早生まれの13歳だ。
　自室に入ると，充電器からケータイを取り出してチェック。着信サインがあれば留守録を聴くが，楽しみにしているのは封筒マークのメールのほうだ。学校から比較的遠い菜摘は帰

宅直後にメールが入っていることが多い。学校から近い友だちが帰るなり，菜摘宛に打ってくるためだ。ケータイを手にして菜摘が感じるのは「ほっとした」感覚だ。

「学校にいるときも，ずっとケータイのことが気になってる。朝出したメールの返事がどう返っているかなとか。学校でその友だちと会ったりもするけど，学校での会話はメールとは別。メールで話すことと学校で話すことはけっこう違う。学校での会話は，お約束というか，本音じゃない。メールは本音。そうじゃないこともあるけど，キホンは本音。だから，持っていないと落ち着かない」

そう語る間も，手元のケータイを開いたり閉じたり。メールが届くと，こちらと話をしながら左手で素早く返信していく。打ち方は半ばブラインドタッチのようだ。

ケータイの使用料は毎月平均で25000円。通話はほとんどしないので，料金のほとんどがメールやウェブなどのパケット料だ。事実，家にいるときにケータイが手元から離れることはめったにない。一日に出すメールの量は少なくとも100通以上。見せてもらうと，菜摘の「送信」フォルダに蓄積された100通のメールは，もっとも古いもので昨夜9時過ぎのものだった。タイトルにも絵文字がたくさん埋め込まれている。

朝はケータイが目覚まし代わりになるし，起き抜けからメール交換が始まる。

「おは。起きたよ」「おは。だるいよー」

起きてからはケータイはつねに携帯している。歯磨きをしながら，朝ご飯を食べながら，トイレに入るときでさえ，つねに携帯する。学校ではケータイの持ち込みは禁止されているため置いていくが，帰ってからはまた同じ状態になる。テレビを見ながら，宿題をしながら，トイレの中やベッドの中でも送受信する。そこまで肌身離さず携帯するのは，友だちからのメールには瞬時に返信しなくてはいけないからだという。

「決まりってわけじゃないけど，一応そうなってる。私だって待たされるのいやだし。すこし間が開いちゃうと，心配になるんです。何か悪いことを言ってしまったかなとか。だから，メールはもらったらすぐ返信するんです」

菜摘は一見したところ，ごくふつうの中学生だ。とくに派手なわけでもなく，髪を染めてもいない。取材ということで多少こわばりがあるが，グレているわけでもない。

念のために尋ねてみた。もしケータイを取り上げられたらどうだろう。

「ムリ。たぶん友だちが引くと思う。ケータイのない生活なんて考えられないし，ムリだと思う」

◆道徳的判断の段階として理解させたい，携帯電話の特質

携帯電話は，通話以外にも電子メール，ウェブ閲覧，写真撮影，音楽再生，電子マネーなどの機能も持ち合わせた多機能の情報機器である。

また，いつでも，どこでもつながり，さらには，小さくて軽いので持ち運びがしやすく，好きなときに使うことができる。

3．授業の展開
◆授業展開のポイント

> （1）「ケータイ」または「携帯電話」という言葉を意識して用いる。
> （2）携帯電話の特徴について気づかせる。
> （3）携帯電話の特徴を踏まえ，よりよい生活習慣のあり方について考えさせる。

（1）「ケータイ」または「携帯電話」という言葉を意識して用いる

　今回の授業のねらいである「よりよい生活習慣を築くこと」に携帯電話が強くかかわっていることを生徒に意識させるために，教師が意識して「ケータイ」「携帯電話」という言葉を使っていく。
　また，菜摘の生活が話題となる授業の前半では「ケータイ」という言葉を使い，徐々に「携帯電話」という言葉を使っていくことで，菜摘という第三者の話題から一般論，そして自分自身の携帯電話とのつきあい方について考えさせていく。

（2）携帯電話の特徴について気づかせる

　「ごくふつう」の，自分たちと同年代の主人公が，ケータイが中心の生活になり，ケータイが手放せなくなってしまった原因が，携帯電話のもつ特性（いつでもどこでもつながる，好きなときに使える，持ち運びしやすい，多機能）によることに気づかせる。

（3）携帯電話の特徴を踏まえ，よりよい生活習慣の築き方について考えさせる

　大切なことは，携帯電話を使う人がいかに携帯電話の特性を理解し，自分の生活の中に携帯電話を上手に取り入れていくか，ということである。携帯電話そのものを否定的にとらえさせるのではなく，携帯電話を使う時間や場面などは，使用者自身が限度を設定しなければいけないことを理解させ，携帯電話のある自分自身の生活について見直し，よりよい生活のあり方について考えさせたい。

4．授業展開モデル例

　学習活動1のように，最初に携帯電話の機能についてふれてから資料に入ると，生徒にとって携帯電話の特性をつかみやすく，後半の展開がスムーズではないかと思われるが，学習活動2から始め，授業の中で携帯電話の機能にふれていくスタイルもよいだろう。
　また，本音をメールで話し，学校での会話はお約束など，主人公の人とのつきあい方についても考えさせたくなるが，今回のねらいである「よりよい生活習慣のありかた」に授業が焦点化されるよう，この授業では軽くふれる程度にしたほうがよい（もし，人とのつきあい方のほうを授業のねらいにするなら，主題を「友情」として，授業を組み立てたほうがよい）。また，「生活」と「携帯電話」という言葉をセットにして授業の中で使うことで，授業のねらいが生徒にとってよりわかりやすくなるだろう。

(・は生徒の発言，□は行動，☆は指導上の留意点，下線部は留意点や大切にしたい発言)

学習活動	指導上の留意点
1．本日の話題の中心となる携帯電話についての確認　［導入］ 　　a. 携帯電話のどんな機能をよく使いますか。 ・通話や電子メール。ウェブ機能。 ・写メール。 ・音楽をダウンロードする。 ・アラーム機能。 　　b. 他にどんな機能をもっているか知っていますか。 ・ゲームや電卓の機能もある。 ・テレビを見られる携帯電話もある。 ・コンビニエンスストアや自動販売機で使えるお財布ケータイもある。 ・電車に乗ることができる携帯電話もある。	□ワークシートに記入する。 ☆自分が携帯電話を生活のどのような場面で使っているか確認させる。 ☆携帯電話には「電話」だけではなく，多くの機能があり，とても便利な道具であることを確認させる。
2．資料「携帯電話のある生活」を読み，グループで自由に感想を述べる　［展開］ 　　c. 菜摘の携帯電話の使い方や生活について，どう思ったか話し合ってみよう。 ・月に25000円もお金がかかっているなんて，菜摘はケータイを使いすぎだ。 ・うちだったらきっと親に取り上げられる。菜摘の親は何も言わないのかな。 ・人と話しているときや勉強しているときまでケータイを使うのはよくない。もっとけじめをつけて使うべきだ。 ・本音はメール，学校での会話はお約束なんて，こんなことを続けていたら，友だちともうまくいかなくなってしまうだろう。 ・菜摘の気持ちがよくわかる。自分も家に帰ったらずっとケータイを持っていたい。 　　d. こんな携帯電話の使い方をしていったら，菜摘の生活はどうなるだろう。 ・もっと夜遅くまでメールしたり，サイトを見たりするように	□資料を見，読みを聞く。 □ワークシートに記入する。 　→グループで話し合う。 　→発表 ☆菜摘に対して共感的な意見や批判的な意見など，さまざまな意見を取り上げる。 ☆生活面，金銭面，人間関係

なって，<u>不規則な生活になっていく</u>。 ・ケータイが手元にあれば，メールが来ないかそわそわするし，ついサイトを見たり，誰かにメールを送ったりして，<u>勉強にも集中できなくなってしまう</u>。 ・メールでのやりとりにもっと頼るようになって，<u>友だちとのつきあいも下手になってしまう</u>のではないか。 ・本音がメールでしか言えなくなってしまって，<u>直接相手に伝えることができなくなってしまう</u>。 　　e. もし携帯電話がなくなったら，菜摘の生活はどうなるだろう。 ・きっと<u>不安になって</u>，いろんな友だちに電話をかけまくると思う。 ・<u>ケータイを使っていた時間をどう過ごしたらいいかわからなく</u>なるんじゃないかな。 ・ケータイのことがもっと気になって，いろいろなことに<u>集中できなくなる</u>と思う。 ・こんなに友だちとメールでやりとりしていたから，<u>本音の話とかができなくなって，悩んでいってしまう</u>かもしれない。 3．菜摘がケータイを手放せなくなってしまった原因を考えさせる［展開］ 　　f. 菜摘がケータイ中心の生活を送るようになってしまったのはなぜだろう。 ・持っていないと<u>不安になってしまう</u>から。 ・誰かからメールが届いたら，<u>すぐに返事をしたい</u>から。 ・<u>本音の話は直接話すよりもメールのほうが言いやすい</u>から。 　　g. メールをするなら，パソコンでもいいのでは？ ・パソコンのメールと違って，<u>ケータイは小さいし，立ち上げる必要もないから，気軽にメールができる</u>。 ・パソコンはそこに行かなくちゃいけないけど，<u>ケータイは持ち運べる</u>。 ・たいした用事がなくても，暇なときに誰かにメールすることもあるよ。 ・携帯電話だと，メール以外でもサイトを見たり，音楽をダウ	の面など，さまざまな角度から考えさせたい。 ☆発問dとeはどちらかでもよい。 □ワークシートに記入する。 ☆**携帯電話の特性**（いつでも，どこでも好きなときに使える，持ち運びしやすい，操作が簡単）**に気づかせる**。 ☆パソコンと比較することで携帯電話の特性をより明確にさせる。

Ⅱ章　道徳の時間で情報モラルを学ぶ

ンロードしたりできる。 ┌──────────────────────────────┐ │ h. こうして考えていくと，携帯電話って，私たちにとっ │ │ てよくない機械なのだろうか。 │ └──────────────────────────────┘ ・そんなことはない。携帯電話はとても便利なものだ。 ・ケータイが悪いんじゃない。<u>ケータイの使い方がよくない。</u> ┌──────────────────────────────┐ │ i. 菜摘のケータイの使い方について，どんなところがよ │ │ くないのだろう。 │ └──────────────────────────────┘ ・朝から夜寝るまでずっとケータイをいじっている。 ・勉強中や食事中もメールをしている。 ・大事な用件もないのにメールのやりとりをしている。	☆携帯電話についての否定的な発問をし，**問題は携帯電話そのものではなく，携帯電話の使い方にあること**に気づかせる。
4．携帯電話の上手な使い方について考えさせる　［展開］ ┌──────────────────────────────┐ │ j. 菜摘は，ケータイの使い方をどのように変えたらいい │ │ だろう。 │ └──────────────────────────────┘ ・使う時間や場所を決めればいいと思う。 ・「〜しながら」というのはやめたほうがいい。 ・メールは大切な用件だけにする。あいさつみたいなメールはやめる。 ・定額制にして，それ以上は使えないようにしてしまえばいいんじゃないかな。	☆ルールを決めて使うことの大切さに気づかせる。 ☆より多くの意見を出させることで，学習活動5の自分の生活のふり返りをさせるときの手がかりにさせる。 ☆時間があれば，グループで話し合いをさせてから全体で発表させてもよい。
5．自分の生活について見つめ直させる　［終末］ ┌──────────────────────────────┐ │ k. 今日の授業をふり返って，これからの自分の生活につ │ │ いて考えよう。 │ │ ※今後，あなたは，携帯電話とどのようにつきあってい │ │ きたいと思いますか。 │ │ ※もしいま携帯電話を持っていない人は，将来携帯電話 │ │ を持つようになったとき，どのようにつきあっていき │ │ たいですか。 │ └──────────────────────────────┘	□ワークシートに記入する。 ☆読み物を通して気づいたこと，考えたことから，自分の生活についてあらためて考えさせる。 ☆いま携帯電話を持っていない生徒も，将来携帯電話を持ったときのことを考えさせ，どの生徒も自分自身の生活について考えさせる。

5．板書イメージ

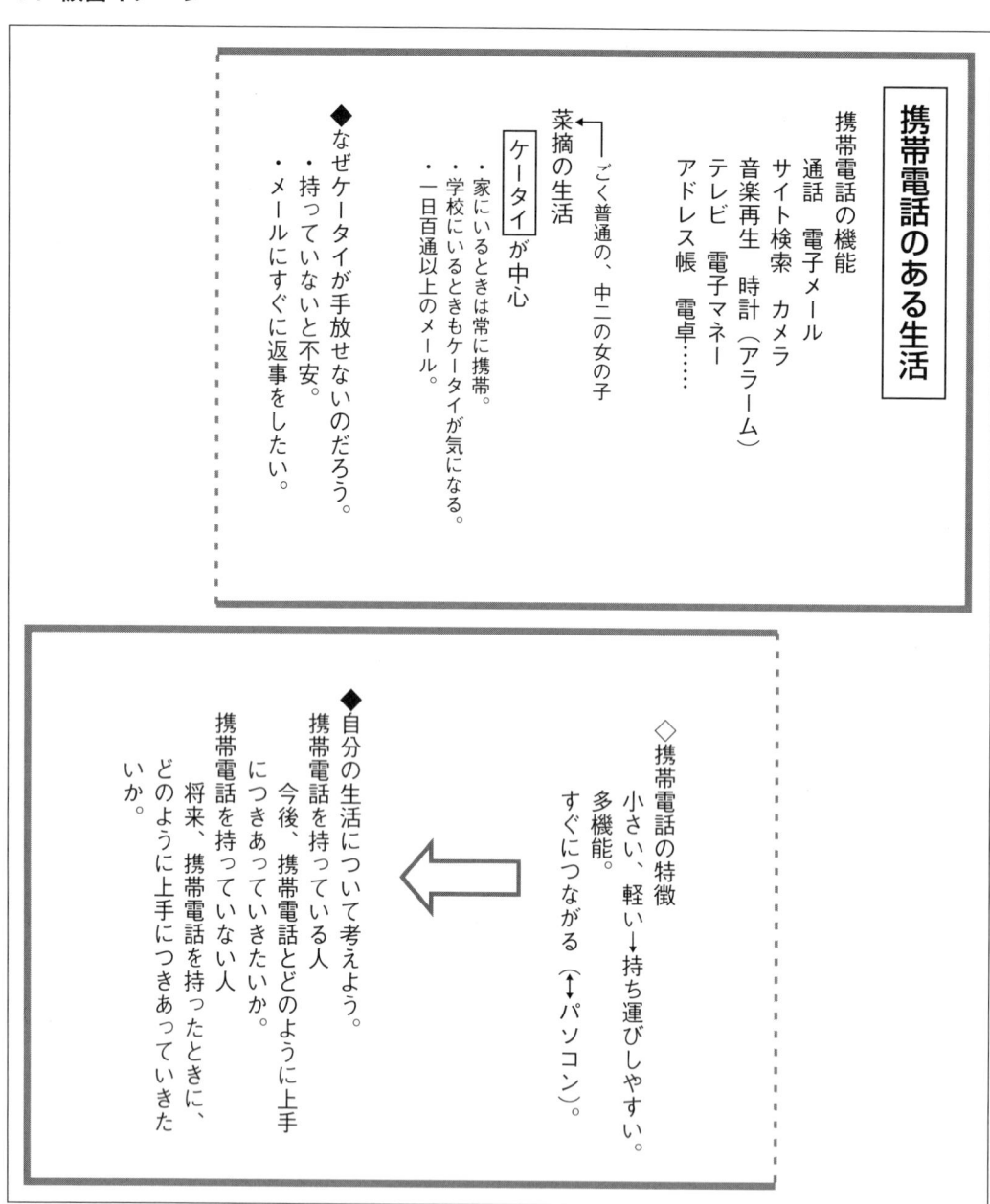

```
┌─────────────────────────────────────────┐
│  携帯電話のある生活                          │
│                                          │
│  携帯電話の機能                             │
│  通話　電子メール                           │
│  サイト検索　カメラ                         │
│  音楽再生　時計（アラーム）                  │
│  テレビ　電子マネー                         │
│  アドレス帳　電卓……                         │
│                                          │
│  菜摘の生活                                │
│  → ごく普通の、中二の女の子                  │
│  ケータイ が中心                            │
│  ・家にいるときは常に携帯。                   │
│  ・学校にいるときもケータイが気になる。         │
│  ・一日百通以上のメール。                     │
│                                          │
│  ◆なぜケータイが手放せないのだろう。          │
│  ・持っていないと不安。                       │
│  ・メールにすぐに返事をしたい。                │
└─────────────────────────────────────────┘

┌─────────────────────────────────────────┐
│  ◇携帯電話の特徴                            │
│  小さい、軽い→持ち運びしやすい。              │
│  多機能。                                  │
│  すぐにつながる（↔パソコン）。               │
│                                          │
│         ⬅                                │
│                                          │
│  ◆自分の生活について考えよう。               │
│  携帯電話を持っている人                      │
│  今後、携帯電話とどのように上手              │
│  につきあっていきたいか。                    │
│  携帯電話を持っていない人                    │
│  将来、携帯電話を持ったときに、              │
│  どのように上手につきあっていきた            │
│  いか。                                    │
└─────────────────────────────────────────┘
```

6．生徒の感想例

　携帯電話の危険性を感じつつも，「便利というケータイの特長をフル活用するというのは別に問題ないと思う」「良い面で活用させていくのがよい」など，携帯電話の便利さを認識したうえで，「時間を決めて使う」「使用場面を決める」「使用目的をしっかりと自分で理解する」など，携帯電話を上手に活用するためにどうしたらいいかについて考えている生徒が多かった。携帯電話はわたしたちの生活をより豊かにするものである，とい

うことを理解させたうえで，携帯電話を有効に使い，よりよい生活習慣を身につけていくべき，というねらいは達成できたと思う。

○ぼくも一時期同じようなことがあったので，この人の気持ちは少しはわかります。でも，そのせいで使用料金は高くなるし，他のことに集中できなくなるので，使いすぎはよくないと思う。
○ケータイをもし持ったとしたら，ケータイに惑わされず，ちゃんと自分のすべきことが終わったら，ケータイをする，と決めたり，ケータイをする時間を決める。でも，そうしたら，相手の人にメールを返信するのが遅くなるから，メールをもうもらえなくなってしまうと思うし……
○ケータイは意外とおそろしいものだと知った。ケータイを持つならば，ケジメをつけて使用するべきだと思う。何かをしながらやるのはよくないと思った。勉強するなら勉強，メールするならメール，ちゃんときちんとするべき。親も責任あるから，注意するべきである。
○便利というケータイの特徴をフル活用するというのは別に問題はないと思う。ただ生活をケータイに束縛されてはだめだと思う。「無かったら困る」と「無いのはムリ」は少し意味が違うと思うので，自分は「無かったら困る」ほうになっていきたいと思った。

7．ワークシート例

携帯電話の機能をあげてみよう。

菜摘の生活について思ったこと。

菜摘はなぜケータイを手放せなくなってしまったんだろう？

今後，あなたは，携帯電話とどうつきあっていきたいか。
将来，携帯電話を持つようになったとき，どうつきあっていきたいか。

（郷　志帆）

Ⅲ章
総合的な学習の時間で情報モラルを学ぶ
―― 情報化社会の現実と向き合う ――

　総合的な学習の時間では，子どもがコンピュータやインターネット等を活用しながら，自らの力で課題を解決していく活動が多い。子どもの意志で意欲的に学習活動を進める過程で，情報モラルの問題を考えていくことは有意義である。

　Ⅲ章では，学習活動開始前に最低限，押さえておくべき「情報モラル」を扱う事例や，総合的な学習の時間の趣旨を生かして「情報モラル」を子どもの学習活動に組み入れる事例を示す。

　総合的な学習の時間は，各学校によって運用方法が異なるため，さまざまな「情報モラル」の扱い方が考えられるが，ここで示した例を参考にしながら，コンピュータやインターネットの特質を積極的に活用し，情報化社会との現実に向き合いながら，総合的な学習の時間のねらいが達成できれば幸いである。

1 総合的な学習の時間と情報モラルの関係

　総合的な学習の時間での情報モラルは，各学校が設定した総合的な学習の時間の運営方法によって，両者はさまざまな関係が考えられるので，ここでは，表1（p.7）で示した3つの学習形態に沿って述べていく。

(1) 情報機器の基礎学習を通しての情報モラル

　総合的な学習の時間では，児童・生徒が自ら設定した課題を解決するさまざまな過程でインターネットやコンピュータを活用する場面が想定される。

　そこで，学校のインターネットやコンピュータ環境に慣れる学習や使い方のルールの学習を通して，情報モラル教育の内容を組み込んでいく方法である。

　この実践例は，どちらかというと表3（p.10）で示した狭い情報モラルに当たるが，できるかぎり日常生活の話題から入るように配慮したい。

　　総合的な学習の時間の課題遂行に必要となるリテラシーとしてのコンピュータやインターネット等の情報機器の活用方法の基礎学習
　　小学校では3年次から6年次の当初に計画的に，中学校では1年時当初に設定する。

　　← 情報モラル教育の内容を総合学習の学び方リテラシー（基礎学習）の中に組み込んでいく

図16　基礎学習への組み込み例

(2) 総合的な学習の時間の学習の流れに情報モラルを組み込む場合

　総合的な学習の時間で課題を解決する過程で必要な場面で，「情報モラル」の内容を組み入れ，「情報モラル」の学習を並行的にしていく例である。

　並行的な学習方法は，校種や発達段階によって学習形態が異なるが，課題を解決する流れと情報を処理する流れとがほぼ一致するので，そのつど，課題解決の学習内容と関連した「情報モラル」に関する支援情報を示したり，意図的に児童・生徒の学習の流れに，学習計画に指導の時間を組み入れたりしていく。

　組み入れる内容の例を表6に示した。

表6　活動の流れにおける情報モラルの内容

学習活動の流れ	情報モラルの内容
情報の収集	情報の信頼性や信憑性を考えた選択方法，ウイルスの防除
情報の処理や利用	著作権，プライバシーに絡む問題，情報の統合
情報の蓄積や発信	著作権，情報の価値や信頼性

```
┌─────────────┐  ┌─────────────┐  ┌─────────────┐
│各段階の学習 │  │目的に応じた │  │学習成果の   │
│で必要な「情 │  │「情報の処理 │  │「情報の蓄積 │
│報の収集」に │  │や利用」に関 │  │や発信」に関 │
│関する情報モ │  │する情報モラ │  │する情報モラ │
│ラル         │  │ル           │  │ル           │
└──┬───┬──────┘  └──┬─────┬────┘  └───┬───┬─────┘
   │   │             │     │           │   │
   ▼   ▼             ▼     ▼           ▼   ▼
```

| 学習の流れ | 情報モラルの学習課題 | 情報モラルに関した事前研究 | 情報モラルの下位課題を設定 | 学習計画の立案 | 計画に沿う課題解決の活動 | 学習成果のまとめと校内での発表 | 学習成果の改善と評価と学校外への発信 |

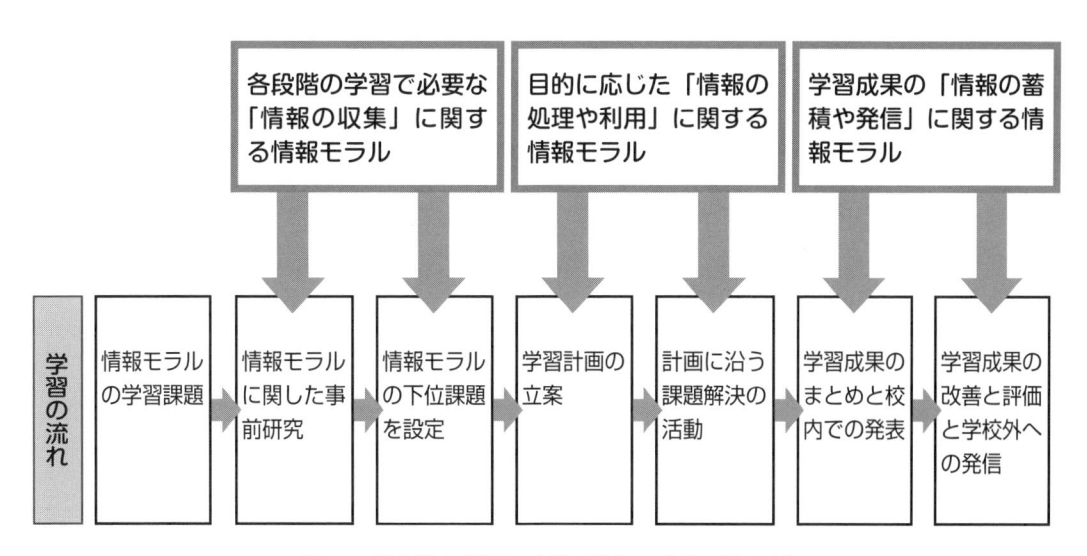

図17　総合的な学習の時間の流れへの組み込み例

（3）児童・生徒が課題に情報モラルを選んだ場合

　課題設定の仕方は，校種，発達段階及び学習活動の課題設定のくくり方により異なり，「情報モラル」の大きなくくりの中で児童・生徒が下位の課題を設定する場合や小さなくくりとして例えば「携帯電話」とする場合になど，学校の総合的な学習の時間の運営方法によって異なる。

　大きな「情報モラル」とした場合の下位の課題例としては，「コンピュータウイルス防御法」「必殺パスワード研究」「なぜ大人はウィニーで人に迷惑をかけるのか」などが考えられる。この場合は，指導者にテクニカルな知識や技能が必要となる教師がいるか，アシスタントがいるか，地域にいる専門家から助言を求めるかが必要条件になる。

　テクニカルな助言が得られず，児童・生徒がわかる範囲で課題解決を遂行させる場合は，インターネットの検索段階で有害情報にぶつかったり，正しいと思った知識が間違っている場合もあるので，慎重にする必要がある。

　課題例のくくりとしてを「携帯電話」とした場合は，「携帯電話の使い方」「人に迷惑にならない携帯電話の使い方」など情報モラルに関する課題例，「安い料金研究」「携帯電話の機能」など情報モラルに関係しない課題例が混在することが考えられる。

（4）総合的な学習の時間を活用して情報モラルを学習する場合

　情報モラルを安全教育の立場から指導する場合に考えられる実践例である。表3（p.10）で示した狭い情報モラルでのセキュリティ学習に当たる。総合的な学習の時間の中で特に時間を設け，コンピュータやインターネットに詳しい教師が，集中的に指導する形態が考えられる。

2 学習活動の各段階で押さえる情報モラル

　総合的な学習の時間は，校種，各学校，位置づけ，授業形態によって，さまざまな運用方法があるので，課題解決していく学習活動の流れの中での情報モラルの扱い方の事例を示していく。

(1) 各段階の学習で必要な情報収集に関する情報モラル

(著作権を考える教材例)
①インターネットで収集した情報を加工して，自分のレポートを作成した段階で。
②作成したレポートに，インターネットで収集した資料部分をマーカーで印をつける。
③マーカーで塗られている割合や，原文そのままである部分を確認させる。
④原文をコピー＆ペーストすることは，コンピュータの機能を上手に利用したことになるが，原文そのままをコピー＆ペーストしただけでよいのか考えさせる。
⑤予測される児童・生徒の反応。
　○オリジナルのレポートになっていない。
　○著作権侵害のおそれがある。
⑥出てきた反応について考えさせる。
　反応が出ない場合は，教師が誘導して，できるかぎり，児童・生徒から問題提起するようにさせる。

(2) 目的に応じた情報の処理や利用に関する情報モラル

(プライバシーや著作権を考える教材例)
①児童・生徒が設定した課題の作品がひとまず完成した段階で，ミニ発表会やグループ討議などで相互評価の機会をもつ。
②作品にある写真や文章にプライバシーや著作権に関する問題がないか，互いに意見を出し合う。
③問題がある場合は，どう修正し，改善したらよいか，意見を出し合う。
④できた作品の発表の場をどこまで広げるかで，プライバシーや著作権の扱いが違うことを示す。
⑤なぜ，インターネットで情報を公開するとき，プライバシーや著作権のことを考慮する必要があるかを考える。

(3) 学習成果の情報の蓄積や発信に関する情報モラル

(情報の信頼性や信憑性を考える教材例)

①教室内LANを活用して，課題別のグループ活動などにより，情報の信頼性や信憑性及び発信した場合に相手に誤解を受ける内容になっていないかなどを討議する。

②グループ討議した結果を，授業学級単位で発表し，教師が助言していく。

③グループ討議した授業学級単位で出た児童・生徒の相互評価や教師の助言をもとに，作品の修正をしていく。

④完成した作品を校内に設置した情報モラル委員会等で審議し，問題がない場合は，学校で学習した成果としてインターネットに発信していく。

〈参考〉押さえておきたい発信の順序性

　総合的な学習の時間での学習成果を，自己表現していく作品として，社会の多くの方に見ていただくため発信することは，児童・生徒に自信をもたせ，達成感等を味わわせるため意義深いものがある。

　しかし，学校組織として責任ある学習成果を発信することも大事な要素であり，発信が望ましいかどうかの手続きを踏むこと自体が，児童・生徒にインターネットの特質を理解させ，情報モラルに対する意識を高めるために必要な手順でもある。

発信に関する利用の順序性

教室・学校内　→　限定した地域内　→　限定しない地域

	正確で誤解されない表現方法の相互評価の学習	正確で誤解なく伝えたいことの表現方法の確認	自由な場でトラブルが起きない表現方法
学習段階			
人間関係	授業内，学級内や学校内の友人・児童・生徒・教師・保護者で互いに何でも話し合えるフランクな相互評価ができる人間関係でのやりとり	地域住民・関係学校や機関で，表現が誤解されても修復可能な人間関係でのやりとり（校区内LANが活用できるシステムがある場合）	ネットの特質を理解したうえで発信し，不特定多数や知らない者同士や遠くに住む親戚など既知の者相互の人間関係でのやりとり

(中村祐治)

3 授業の展開モデル例

展開モデル例①（小3〜4　総合）

情報メディアの特質を踏まえたインターネット活用のルール

1．授業の位置づけと内容
◆**学　年**　小学3〜4年
◆**授　業**　インターネットを用いた調べ学習の開始段階における事前学習
◆**場　所**　コンピュータ教室（2台以上ネットワーク接続されているパソコンがあれば可能）
◆**利用したソフトウェア**　学習用グループウェア（任意のメールソフトで学習可能）
◆**ねらい**　インターネットの基本的な利用方法を学ぶ学習を通して，個人情報をネット上で入力することの危険性について理解する。

　総合的な学習の時間では，インターネットを活用しての調べ学習や，プレゼンテーションソフトを利用しての発表活動など，コンピュータで情報を処理しながら進めていく学習活動の機会が多い。

　児童は，総合的な学習の時間，教科学習及び自宅などで，インターネットを利用する経験を重ねることで，その利便性を体感し，コンピュータの操作法も驚くほどの早さで身につけている実態がある。しかし，インターネットの表面的な便利さを理解してはいても，それは万能ではなく，使い方を間違えるとトラブルに巻き込まれることがあることに気づいている児童は少ない。

　インターネットをはじめとした情報メディアを使う機会が増えていくなかで，情報に関する最低限の知識やモラルが必要であり，インターネットが扱う情報の長所や短所を理解したうえで，適切な活用をしていくためのきっかけとなるような学習活動が求められている。

　本授業では，インターネット利用のトラブルとして代表的な，個人情報の公開による迷惑メールの受信や架空請求を知識としてではなく，校内ネットワークを利用することで実際に児童に疑似体験させることを目的としている。「百聞は一見にしかず」の言葉の通り，「危険性のあるサイト（ホームページ）には入らない」「軽率に個人情報を公開しない」というネット社会における大原則を児童が経験的に身につける機会への一助としたい。

2．指導計画（計5時間）

①インターネットに自らアクセスし，指定のホームページを開く等の活動。（1時間）
②キーボード（ソフトウェアキーボードも可）で自分の名前等，文字入力を行う活動。
　　　　　　　　　　　　　　　　　　　　　　　　　　　　　　　　　　　　（1時間）
③教師が指定したホームページで，知りたい情報を検索する活動。（1時間）
④教師作成のホームページを利用し，トラブルの疑似体験をする。（1時間　**本時**）
⑤インターネットを利用する際のルールやマナーを考える。（1時間）

3．授業の展開と児童の反応

◆**学習のめあて**

　インターネット上で個人情報をむやみに公開してはいけないことを知り，インターネットがもつ特質を考えながら安全にインターネットを利用するための基礎的な知識を学ぶ。

◆**学習の展開**

（・は児童の発言，◎は教師の発言，□は児童の行動，☆は指導上の留意点）

学習の流れ	児童の学習活動・反応	指導上の留意点など
1．これまでのインターネット学習をふり返る 　［導入］	・この前，ぼくが調べたホームページだ。	☆教師のパソコン画面を映すスクリーン（授業全般）
◎「今までどんなことを調べてきたかな。」 ◎「みんなや家族の人は，どんなことにインターネットを使いますか。」	・動物について調べた。 ・遠足で行く場所を調べた。 ・天気を調べた。 ・オークションで使う。 ・メールをしている。 ・ゲームや占いをしている。	☆これまでのさまざまな学習にインターネットが役立ったことを確認し，児童の日常生活の中でインターネットがどのように活用されているのかを発表させ，インターネットの利便性を意識させる。
□スクリーンに映し出される事例を<u>途中</u>まで見る。 （懸賞アンケートサイト） ◎「こんな楽しそうなホームページもあるんだね。どうやって応募するんだろうね。」 ◎「自分たちも実際に，懸賞アンケートを体験してみよう。」	・アンケートに答えた後に住所や名前を入力するだけでいいんだ。 ・やった！　当たるといいな！ ・自分たちもできるんですか？	☆個人情報を入力・送信することで，サービスを受けることができるホームページ（Webサイト）の存在を紹介し，児童が自分も応募したいという参加意欲を引き出す。
2．懸賞アンケートのホームページ（自作）にアクセ	・欲しいゲームのソフトだ！ ・このぬいぐるみカワイイね。	自作ホームページ 「○○懸賞サイト」（p.83）

ス し，事例のように個人情報を入力し，送信する [展開]	□アンケートに回答し，個人情報を入力・送信する。 ・こういうの，まずいって聞いたことあるけど…… ・当たるといいなぁ。	□住所・氏名・性別・電話番号・メールアドレスなどを入力させ，送信させる。
□予想を立てる。 ◎「プレゼントはどのように届くのだろう。当選者はいるかな。」	・自分で書いた住所に宅急便で届くと思う。 ・このクラスで1人は当たっていると思う。	☆当選発表までの待ち時間を設定して，その間に児童の予想を聞く。
□メールボックスの確認。	□自分でメールボックスを確認する。 ・メッセージが届いている！ ・当たったのかな。やったー！ ・何かへんだよ……	☆教師は児童がメールを確認する前に，大量の迷惑メールを児童のフォルダに送信しておく（児童のメールに対する自動返信の設定も可）。
□事例サイトを**最後まで見**て，自分も同様のトラブルに巻き込まれた事実を知る。		☆ホームページが自作であることを伝え，安心させる。
3．結果について話し合う [終末] ◎「このようなトラブルに巻き込まれないためには，どうすればよかったのかな。」	・先生（親）に聞いてからやればよかった。 ・嘘の住所を書いちゃえばよかった。	☆個人情報をむやみに公開しないという意見が出れば，それを取り上げてインターネットの個人情報漏洩の危険性について説明する。（本時はここまで）
（次時の学習） □インターネットを使うときのルールを決める。 ◎「すべてのサイトが悪いサイトとは限らないよね。」	・パソコンルームにはっておけば思い出しやすいかも。 ・いいサイトもあるよね。 ・お父さんやお母さんが見ているサイトは大丈夫かな……	☆子どもたちの考えた言葉で，ルールを考えさせる。 ☆すべてのホームページ（Webサイト）が悪質ではないことを伝え，インターネットにおける基本的なルールを学び，安全・快適に使用していく必要性を伝える。

Ⅲ章　総合的な学習の時間で情報モラルを学ぶ

4．自作ホームページ例

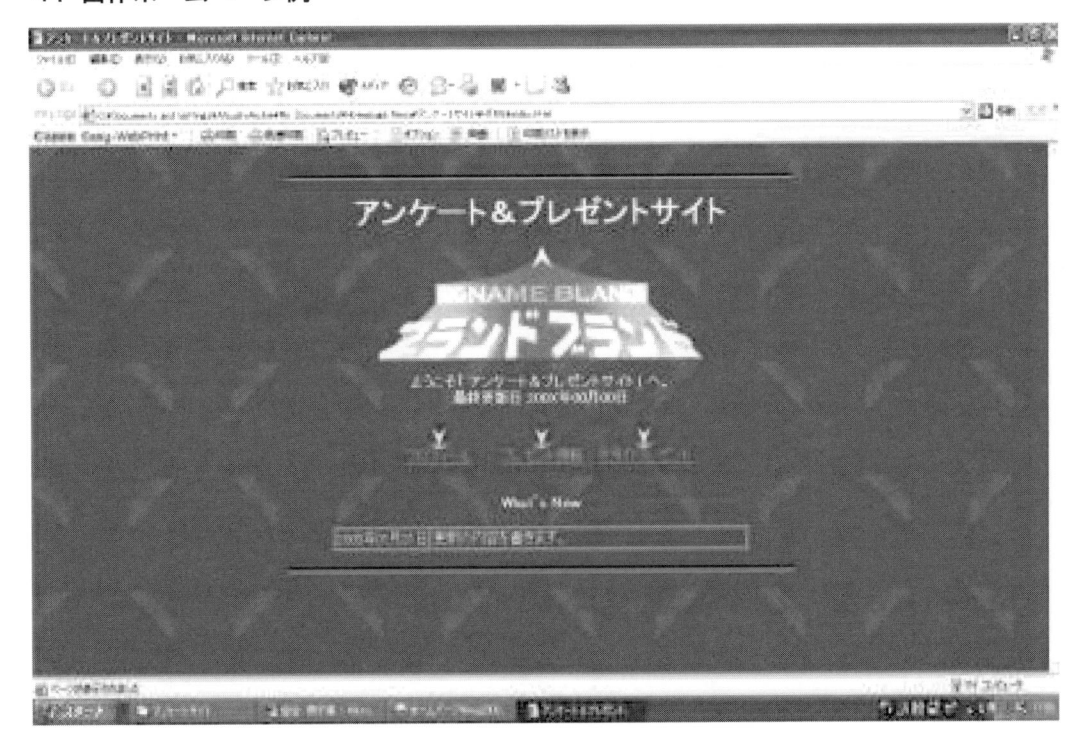

（佐久間　厚）

展開モデル例② (小6　総合)

電子掲示板を使って「相手の見えないコミュニケーション」を体験しよう
―― インターネットでのコミュニケーションのマナーやルールを身につける ――

1．授業の位置づけ
◆**学　年**　小学6年
◆**授　業**　総合的な学習の時間での情報を得るときの「意見交換の仕方」
◆**場　所**　教室及びコンピュータ教室
◆**利用したソフトウェア**　学習用グループウェアソフト＊の電子掲示板・会議室機能
　　　　　　　　　　＊校内LANを活用した情報共有・コミュニケーションのためのソフト

◆**ねらい**
○総合的な学習で活用する，グループウェアソフトの電子掲示板・会議室機能の基本的な操作の仕方を知る学習を通して，ネット社会の基本的な意見交換のシステムを理解する。
○ネット社会でのコミュニケーションにおける基本的なルールやマナーの必要性について考える。

2．指導計画（計6時間）
「総合的な学習の時間」の課題解決を図る学習活動で活用する，グループウェアソフトの電子掲示板・会議室機能の使い方を通して，情報モラルにふれる。
①グループウェアソフトの電子掲示板の使い方を知る。（1時間）
②グループウェアソフトの電子掲示板の使い方を考える(p.91ワークシート参照)。（1時間）
③グループウェアソフトの会議室の使い方を知る。（1時間）
④グループウェアソフトの会議室で相手がわかるコミュニケーション（意見交換）を体験する。（1時間，前時）
⑤グループウェアソフトの会議室で，匿名で相手がわからないコミュニケーション（意見交換）を体験する。（1時間，**本時**）
⑥情報通信ネットワークでコミュニケーションするときのルールやマナーを考える。（1時間）

3．授業の展開と児童の反応
◆**授業展開のポイント**

○情報通信ネットワーク上で，匿名でのコミュニケーションを実体験させる。
○匿名でのコミュニケーションを通して，情報通信ネットワーク上での必要なマナーについて考えさせる。

○情報通信ネットワーク上のコミュニケーションでも，ネットの向こう側には必ず相手がいることを理解させる。

◆授業の流れ

(・は発言，◇はつぶやき，□は行動，☆指導上の留意点，下線は授業展開のポイントとなる投げかけや留意点や大切にしたい発言)

教師の働きかけ	指導上の留意点など
1．前時のふり返り（コンピュータ教室）　（※画面1を提示）	
○相手が見えないネットワーク上の会議室での意見交換と，実際に会って話をするコミュニケーションとの違いはありますか？	

画面1　（画面下部は，後で提示）

・目に見えないコミュニケーションは相手が見えないけど，静かに集中してできました。	☆前時を思い起こしながら，主題への意識化を図る。
T：ネットワーク上の会議室での意見交換のほうがよかった？と発問。	□うなずく。
	◇…たしかに，がやがや…。
・「会議室」での意見交換のほうがもめなくてすむから，そっちのほうがよかった。	□「よかった」派，約半数が拍手。
	□「もめた」派，10人ほど挙手。
T：コンピュータ画面1の上部を指しながら，ネットワーク上の会議室での意見交換のほうがもめない，もめた？と両者の特質を確認する。	☆顔を見ながらネットワーク上の会議室との会話の特質の比較をさりげなく出させる。
・もめなかったよ。	
・反対に「会議室」を使ったほうがもめた。	◇がやがや…。
・もめた。	◇会議室のほうだね…。
	◇顔を見ながらだよ…。
T：ネットワーク上の会議室での意見交換と顔を見ながらの意見交換では，どちらがもめないか皆に聞いてみよう。	□「模擬」派：半数ほど挙手。
	□「顔を見ながら」派：残りの半数ほど挙手。

T：2つの意見交換には，それぞれ違いがあるけれど，共通点もあるね。共通点は？ と発問。 ・意見を交換している。 ・友達と話ができる。 ・いろんな話ができる。 ・同じ友達と…，相手がいる。 T：画面1の下部を提示し，顔が見えるコミュニケーションも見えないコミュニケーションも，相手である人がいるんだねと，共通点を確認し，今日は，模擬インターネットで前回とは別の方法でやりとりをしてみる。	☆共通点を押さえる。 ☆同じ友達間で意見交換する。2つの方法の共通点を確認しながら，本時のねらいを押さえる。 ◇別の方法って…何。

2．本時の活動の説明　（※画面2を提示）

> 自分の名前を明かさず，匿名で「会議室」に入り，意見交換をします。

今日の授業では…
名前を明かさず，とく名で会議室に入り，意見交換をします。
⬇
知らない相手とのネット上での意見交換
○カードの〈今日の名前（番号）・パスワード・会議室名〉を確認してから入室する。
○個人が特定されるような情報を流さない。
○終了時は，必ずログアウトしてから移動する。

さあ，実際に行ってみましょう！

画面2

T：今回は，自分の名前を明かさないかたち，匿名で「会議室」を使って相手とやりとりしてみよう。画面2を読み上げながら，今日やることがわかったか，確認しよう。 ・今日は，名前を明かさず，匿名で「会議室」に入り，意見交換をする。 T：なぜ，今回は，自分の名前を明かさない匿名で相手とやりとりするか，わかるか確認する。 ・なぜ，名前を入れちゃいけないんですか。 ・どうやって名前を入れないようにするんですか。 T：「会議室」ごとに意見交換するテーマがあることを説明する。 ・はやく見たい。	☆匿名でのやりとりで意見をすることを押さえる。 □わかった人は挙手 ☆匿名にするのは知らない相手にするためであり，匿名で意見交換した場合の体験をすることを押さえる。 ☆自分が意見交換したいテーマの「会議室」に入って意見交換することを押さえる。 ◇がやがや…。

> 【「会議室」のテーマ】
> A：学校のそうじの時間は必要か，必要でないか？
> B：携帯電話は必要か，必要でないか？
> C：学校の宿題は必要か，必要でないか？

D：サッカーと野球，どちらが面白いか？ E：大人と子ども，どちらが得か？	
T：「会議室」に入る操作方法や意見交換する手順や留意点について画面2を見せながら説明する。	☆会議室に入るための今日だけのＩＤとパスワードを示し，絶対に誰にも見せないことを指示する。 ◇がやがや，ＩＤって何。 ☆どんなことを話すのかわからない場合は，「会議室」に書いてあることを補足する。 ☆一番下は，説明後に提示。
T：画面2の最下部を提示して意見交換の開始を指示し，相手がわからない意見交換であることを強調しながら，活動への個別支援をする。	□ＩＤとパスワードをもらった人から「会議室」に入って意見交換を開始する。 ☆意見交換の時間は20分程度とする。 ◇こんなこと書いてくる人いるよ。いやな感じがするよ。
【活動の様子A】 ・どうしてそう思ったのですか。 ・そうですね。そういう書き方は，真似しないほうがいいですね。 T：掲示板のどの部分が，自分にとっていやな表現であったかを確認させることで，目に見えない相手との意見交換の特質について気づかせる。また，逆の立場だったらどうするか，という投げかけをする。	◇だって自分のことばかり書いて意見交換にならないし，言葉づかいはきついし…。 ☆受け取る相手の気持ちを考えて意見を書き込むことを押さえる。
【活動の様子B】 ・相手が男か女かもわからないのに，うれしい気持ちになるんだね。 ・ネット上だと言葉だけなのに，気持ちは大きく変化してしまうんだね。 T：掲示板では言葉だけで親近感が生まれたり，逆に嫌悪感がわいてきたりすることから，目に見えない相手との意見交換の特質について気づかせる。	◇この人，わたしとまるっきり同じ意見だ。なんだかうれしいな。 ◇なんとなく親近感がわいてくる気がします。 ☆実際は見ず知らずの相手との意見交換であることを確認する。

意見交換の様子　　　　　　　まとめの様子

3．授業のまとめ（会議室での活動のふり返り）（教室）
　（※画面3を提示）

| 匿名で会議室に入った意見交換は，相手と名前を知っている意見交換（前時）と比べてどうでしたか？ |

今日の授業のまとめ
- 知っている相手との意見交換の場合と比べて，どうでしたか？
- 知らない相手との会議室での意見交換では，どんなことに気を付けるとよいでしょうか？

↓

基本は…
人と人とのコミュニケーションである
ネットの向こうには，人がいる！

画面3　（画面下部は，後で提示する）

☆画面3上部を提示し，児童に読ませながら，まとめの内容を確認していく。

・知っている相手との意見交換と比べて，どうでしたか？
T：前時の授業での相手がわかる意見交換と今回の相手がわからないコミュニケーションとを比べた素直な感想を引き出す。
・前回と同じ課題なのに，今回は意見がいっぱい出てきた。
・ムチャクチャ増えた。
・いっぱい出てくる
・じつは知っている子なんだけど，名前がのっていないから知らない人との意見交換だったので，ドキドキした。
T：匿名で意見交換したときは意見が増えたことの気持ちを引き出す。
・ドキドキした。
・顔が見えないから，誰が打っているのかわからないし…。
・顔が見えないから，いやなことを書かれるとよけいにむかつく。
・なんかいやな言葉が書かれていると，その人が誰なのか，ムカツクっていうか…。
T：匿名での意見交換がいやな気持ちになった事例を引き出す。
・Eさんと一緒なんですけど，いやな人が1人いたんですよね。
・「宿題はいらない。なぜかというと俺は頭がいいから」とか言う人が。
T：いやなこと，関係ないことを書かれたときの気持ちを引き出す。
・もめごとみたいな感じになりました。
・関係のないことを書いている人がいました。
・書き直して，「これは関係ありません」って書いた。

□指名された児童が読み上げる。
☆意見交換は人と人とのコミュニケーションの一種であることを押さえる。

☆匿名で意見交換するとドキドキする児童が多いことを気づかせる。
□ドキドキしたことの経験の発問に大勢が挙手。

◇いやって言うかね…。
◇笑い
◇うっわぁ～。え～っ！　まじで。○○，おまえだろ…。

◇うん。

T：画面3の下部を示しながら，実際に会っての意見交換と違って匿名でのコミュニケーションで「いやな気持ちになった人が，逆な立場だったらと仮定して」気をつけることをまとめる。 ・敬語を使う。 ・敬語とか丁寧語とか使って，相手を傷つけない言葉を書いて会話し，受け答えする。 ・言葉づかいを丁寧にする。 ・やっぱり，誰だかわからないから，丁寧語を使う。 ・「自分は天才だ」とか言って自慢したり，バカにして相手の気持ちを逆なでるようなことは言わない。 T：意見交換したテーマが誰だったか発表します。各テーマごとに意見交換した子どもに挙手を求める。 ・はい。○○だろ。 ・やっぱり○○さんがいたよ。 ・あいつだよ，頭がいいとか言ってたの。 ・やっぱり○○がいた。 ・あ〜，予想通りの人がいた。 T：画面3を見ながら「人と人とのコミュニケーション」特に目に見えない，誰かわからない人とのコミュニケーションで気をつけることをまとめる。 ・とてもいやな気持ちになる。 ・言葉のけんかになってしまう。 T：画面3を見ながら「画面上の奥には誰かがいる，ネットの向こう側には人がいる，相手がわからなくとも，見えなくとも人がいる，だから，パソコンのキーボードを打つときは，人と人とのコミュニケーションをすることをしっかり意識しないといけないんですね。そうしないと，さっき出た感想のように，言葉が足りないと意味がわからなくなって相手をいやな気持ちにさせてしまうんだね。	□2〜3人挙手。 □多くの児童がうなずく。 ◇つけたし。 ☆学級の雰囲気や活動の様子を見て，発表するか否かを判断する。 ◇おお〜！（大勢の歓声） うわ〜，きた！ ◇がやがや，笑い。 ☆誰が意見交換したかのがやがやの雰囲気から，まとめの静寂な雰囲気にさせてまとめをする。 □教師の話に集中する。 ☆ワークシートに感想を書き，教師まで電子メールで送らせる。 ☆書き終わった児童からコンピュータの電源を切らせる。

4．ワークシートに見られる児童の感想

「今日，匿名で意見交換したとき気づいたことを何でもいいから書いてみよう」

〈インターネットを利用するときの表現方法の特質についての気づき〉

○今日の授業で，知らない相手とは，敬語（をつかうこと）やいやな思いをさせない文章を書くということがわかった。
○意見交換をしている相手がわからなかったので，いつもより丁寧語を使ったと思う。
○見えないからといって，悪い言葉は使ってはいけないなあと思いました。
○今日の意見交換は気持ちが伝えやすいと思いました。名前がわからないほうが，いろいろなことを伝えやすいからです。
○顔が見えないからちょっと困るところもあったけど，顔が見えたらホッとしました。やっぱり顔が見えたほうがいい。
○パソコンを通じて知らない人に意見を出している気分でした。みんなやっぱり書き方に特徴がありました。
○知っている人だったらいつものようにやれたけど，知らない人とやると意見をあんまり書けなくて難しかったです。

〈匿名性に関する特質の気づき〉

○相手の名前や顔がわからないとおもしろいという感じもしました。
○誰かわからない人とのメールは，なぜかわくわくして楽しかった。
○相手が誰だかわからないと，どうメールを打っていいのか，とまどいました。
○名前がわかってたほうが話しやすいと思う。わからないと初めて会った人と話しているみたいだった。
○相手の名前や顔がわからないとおもしろいという感じもしました。
○誰が相手だかわからないから緊張しました。
○名前を出すとなかなかできなかったのに，名前なしだといっぱいできた。

〈匿名性の仕掛けから感じた気づき〉

○すごく親しい友達がいたのにわからなくてびっくりしました。
○顔も見えない（名前も知らない）のに知っている人とやっていたからです。やっている人がわかったときは少しホッとしました。
○本当は知っている友達だけど，本名ではないから誰だかわからなくてドキドキした。
○書いているときはこわかったけど，やっぱり見たときはホッとした。

5．「グループウェアソフトの電子掲示板の使い方を考える」のワークシート

☆「電子掲示板」の使い方を考えよう☆
～よい書き込み，よくない書き込み，とはどんなもの？～

　　　　　月　　日（　）　　　年　　組＿＿＿＿＿＿＿＿＿

　この前の授業で，電子掲示板を使いましたね。その中には，いくつかの不適切な表現もふくまれていました。でも，まだ電子掲示板への書き込みのルールやマナーといったものを知らない人がほとんどなので当たり前のことです。だからこの前失敗してしまったことは気にしないで，これから書き込むときに気をつけていけるように勉強していきましょう！

　下の資料1～3に，そのとき書いてあった書き込みを紹介します。
　それらの書き込みを読んで，①読んで気持ちのよい表現やよいと思われる表現，②不快に思ったものやよくないと思われる表現を見つけて線を引きなさい。
　そして，その理由も書きなさい。

資料1

```
A：○○のだじゃれつまらない！
　　もっと，いいの送って下さい　　　　★C＆D★
B：ザケンナコラーーーーーーーーーーーーーーーーーーーーーーーーーーーー
　ーーーーーーーーーーーーーーーーーーーーーーーーーーーー
```

【理由】

資料2

```
A：建長寺の階段２５０段やすまず登ったら苦しかったけど上に行ったら富士山が見えてきれいだった＼(-o-)／
B：でもうっすらとしか見えなかったのが残念だったね (-_-;)
C：確かに～☆　　でも，また行きたいな
```

【理由】

資料3

```
A：メールはやめーる
B：つまんない
C：やめて。
D：つまらないしゃれはよしなしゃれ
E：寒いけど○○よりはましかもしれない！
F：なんで○○のまねすんの／
G：もうあの歌やめて！！
H：あんたたち，なにがほしいの？？
I：はーーーー金がほしいんだよ
```

【理由】

（馬場智志）

展開モデル例③ (小6　総合)

卒　業　研　究
―― 具体的な活動を通して情報の収集・公開に関するモラルを学ぶ ――

１．授業の位置づけ
◆学　年　小学6年
◆授　業　総合的な学習
◆場　所　教室及びコンピュータ教室
◆利用したソフトウェア　総合ソフトウェア
◆ねらい
　○卒業に向けてグループをつくり，卒業研究を行う。
　○地域の歴史や施設，福祉，リサイクルなどのテーマを決めて現地に行って調査したことをまとめて，地域の方々や下級生に発表する。
　○調査したことをまとめて発表するなかで，情報の出典を明示したり，著作権について考えていく。
　○調査内容をインターネットに公開する場合に注意することを理解する。

２．指導計画 （全34時間）
　卒業を前に，自分でテーマを決めて調査し，まとめて発表することを通して，著作権や情報を公開するときの配慮点などを学習していく。
　①卒業研究として，地域の歴史や福祉活動，リサイクルの状況などについて，興味のあることをテーマに選び，グループをつくる。（3時間）
　②研究計画を立て，取材先と打ち合わせをする。（2時間）
　③テーマに関する内容について取材する。（6時間）
　④取材した内容をまとめ，文献やインターネットなどの資料を調べる。（6時間）
　⑤新たに疑問に思ったことや追加で調べたいことについて再度調査を行う。（3時間）
　⑥感想や主張を加えて，調べた内容をプレゼンテーションにまとめる。（6時間）
　⑦プレゼンテーションソフトを使い，他のグループに発表して，発表の改善点を修正していく。（2時間）
　⑧保護者や地域の方々，5年生に対してポスターセッション方式で発表会を行う。（2時間）
　⑨発表を聞いてくれた人の感想を参考に発表内容を修正し，プレゼンテーションソフトで，画面の説明の音声を入力していく。（2時間）
　⑩音声付きのプレゼンテーションを校内ネットワークの中に保存し，卒業記念としていつでも閲覧可能な状態にする。（2時間）

3．授業の展開と児童の反応
◆授業展開のポイント

※実際に情報を収集し，まとめ，公開する活動で，具体的な場面や情報の扱いを通して，情報モラルについて学習していく。

○適切なテーマの設定
調査活動が中心となるので，地域や学校に関することで，卒業研究としてふさわしいテーマを設定できるように，教師が助言を与える。

○調査活動の支援
児童が十分な調査活動ができるように事前に調査内容を教師が把握しておくとともに，関係機関と連絡を密にしておく。

○調査内容のまとめ
単に報告に終わるのではなく，自分たちの主張を入れていく。

○情報の取り扱いについて
発表する場合に情報の出典を明確にすることと，調べた内容をインターネットで公開していいかどうかの許諾をとる。

この学習は，全34時間の学習である。指導計画の⑦の場面に，情報モラルに関する内容がたくさん出てくるので，⑦の場面の学習の流れの一部を紹介する。

◆授業の流れ

教師の働きかけ	児童の反応・つぶやき
1．本日の目標の確認 T：来週，地域の方や5年生に対して発表します。発表内容や情報の扱いについて，互いにチェックして，発表内容を充実させていきましょう。 T：今回各グループのテーマは，盲導犬，手話，点字，障害者のバリアフリー，老人ホーム，保育園，紙のリサイクル，古本のリサイクル，アルミ缶のリサイクル，地域のリサイクルセンター，学校の歴史，市内のK公園，M川，B公園，地域の歴史，国際理解ボランティア等です。 T：では，時間を守って発表してください。	C：コンピュータ教室に各グループのコーナーをつくり，パソコンの画面にプレゼンテーションの準備をする。 C：同じ発表を4回するので，意見を聞きながら，発表内容を直していこう。 C：全部の発表は聞けないなー。どのグループを聞くか考えておかなくちゃ。 C：発表時間は5分で，意見交換5分，移動が2分だ。 C：4グループ聞いたら，ぼくたちが発表する番だ。

発表している児童	発表を聞いている児童の反応
2．発表の様子 C：地域の歴史について発表します。 C：学校近くの歴史について興味があり，歴史マップにしたかったので，このテーマにしました。 C：地域の歴史について調べました。 　鎌倉街道，梅岩寺，徳蔵寺，正福寺，熊野神社，久米川古戦場，将軍塚，たくさんの史跡があります。順に説明します。（説明略） C：新田義貞の鎌倉攻めについては，歴史の勉強のときにちょっと話が出てきましたが，古戦場が学校のすぐ近くにあるなんて知りませんでした。 C：ぼくの家の近くにも，歴史がたくさんあるということを知りました。学校で勉強した歴史がとても身近に感じました。 C：ぼくたちの発表はどうでしたか。 C：市役所のおじさんに聞いた話とインターネットに載っていた情報とが一緒になっていました。 C：いいえ，聞くのを忘れておりました。来週もう一度市役所へ行って確認してきます。 C：そうです。地図は学校にあったものをスキャナで読み込みました。地図を描くのが得意な人がグループにいますから，絵地図にします。	C：地図にしたのは，わかりやすくていいなあ。 C：こんなにたくさん，歴史に関するものが学区域にあったのか。 C：調べた内容について，聞いた話なのかよくわからないなあ。 C：そういえば，勉強したかな。 C：久米川古戦場はわたしの家のすぐ隣です。 C：研究の動機もあるし，よく調べているし，うまくまとめてあると思います。 C：古戦場の話は，誰かに聞いたことなのか，インターネットに載っていたのか，昨日勉強した情報の扱いの注意からすると，どこから得た情報かをちゃんと書いたほうがいいと思います。 C：市役所のおじさんには，聞いた内容を学校のホームページで公開していいか確認したのですか。 C：地域の歴史を地図にまとめたのは，この地域に歴史に関することがたくさんあることを訴えるのによかったと思います。でも，この地図は，本屋さんで売っている地図をそのまま取り込んだのではないですか。

	C：鎌倉街道については，街道の脇に住んでいる郷土史研究家の山田さんから聞いた話となっていて，話を聞いての感想と分けて説明したのがとてもよかったです。
C：歴史上の場所と学校までの距離を算数の時間に使った距離測定器で調べてグラフにしたのですが，どうでしょうか。	C：距離測定器は，わたしたちは授業で使ったからよくわかるのですが，地域の人にはわからないと思いますので，距離測定器の写真があるといいと思います。
C：そうですね。5年生にもわからないかもしれませんので，写真を撮って説明を追加します。	C：グラフにしたのは，よかったのですが，あまり意味がないように思います。地図の下のところにだいたいの500mがこれくらいだと書いておけば目安になると思います。
	C：説明が詳しすぎて，これでは5年生にはわからないと思います。画面でわかることは説明しないで，大事なことだけ説明するようにしたらいいと思います。

教師の働きかけ	児童の反応・つぶやき
3．教師からのコメント T：このグループの発表について，先生が昨日お話しした，「よかったことは何か。5年生にわかるかな。どこから得た情報か，わかるようになっているか。言いたいことがわかりましたか。」という視点でよく話し合いができていました。発表する人たちばかりでなく，聞いていた人たちが真剣に聞いていたということがよくわかりました。 （以下略）	C：発表を聞いてもらって，いろいろ意見を言ってもらったことがとても参考になりました。 C：次に別のグループが聞きに来ますが，画面に書いてあることは説明しないようにしてみます。

※このようなぐあいに各グループで発表を聞いた後で，発表内容について，意見を交換するなかで情報の取り扱いについて学習していく。

（田頭　裕）

展開モデル例④（中1　総合）

基礎学習（リテラシー学習）として情報モラルを学習する

1．授業の位置づけと内容

　情報モラルの基礎学習を単独で指導すると，生徒の実態と微妙なズレを生じたりして，指導のねらい達成が十分に期待できない。そこで情報にかかわる"リテラシー学習*"全般の中に情報モラルを位置づけることを前提にして指導を展開すれば，それぞれの指導内容を互いに関連づけ日常化すると，より高い指導の成果を得ることができる。

　　*…「リテラシー学習」という呼称は横浜国立大学教育人間科学部附属横浜中学校の実践で使用している用語。

◆"リテラシー学習"の考え方

　リテラシー（literacy）とは，読み書きの能力，識字能力，特定分野の知識や能力，コンピュータなどの使用能力などを意味し，これら全般を指して用いられる場合が多い。これを広義の「情報のやりとり」能力としてとらえ一般化したものが「リテラシー学習」である。実施にあたっては，生徒にとってなじみのある名称の講座にまとめ，十分に浸透させるとよい。「プレゼンテーション」「レポート」「コミュニケーション」など，実際の活動のイメージに結びつけやすいものがよいだろう。

◆指導対象と指導の時機

　必修教科の授業をはじめとするさまざまな学習場面で活用できるようにすることを考え，中学校入学まもない時期の1年生を対象として，総合的な学習の時間を充当して実施するとよい。学校の事情によりさまざまな取り組み方法が考えられる。

　後にふれる「実態調査」（p.101）に基づき，生徒の実態に応じて全員を対象として早期に実施すべき内容を設定し，中学校生活を一定期間，経験させたうえで，日常生活上問題になるケースなどに関連づけた指導の展開を図ることも考えられる。学校規模によっても異なるが，多くの場合，学年や学級指導の長期計画と密接にかかわる内容が多いので，組織的な指導の一環として位置づけることも大切である。

◆指導内容の抽出

　必修授業の指導内容および時間数減（平成14年度）に伴い，教科ごとに扱う内容の本質とは別の要素，つまり学習を成立させるために必要とされる種々のスキルの獲得やこれを実践的に指導する時間も，削減を余儀なくされることになった。従来は各教科の指導場面で当たり前のように扱われていたこれらのスキルの獲得指導には，教科指導をはじめとする諸活動の場面で共用できるものが多く含まれている。これらを抽出し，まとめて指導することにより，時間数削減によって生じた不足分を補うことができる。また，こうした作業の過程でそれぞれのスキルの最も望ましい獲得時期を再考することが可能になる。

◆**指導内容の整理**

　ここで身につけさせたい力を，情報の「収集」「処理」「発信」の三つの操作に分別し，それぞれのカテゴリーにあてはまる要素を，既存の指導場面や時間帯の枠を考慮せずに抽出，整理してみる。次に，抽出された要素を，通常の教科指導の内容に既に組み込まれているもの，あるいは各教科で重複して扱っているものなどを各担当者から集約し明らかにして整理する。

　三つの操作に基づいて設定する講座の内容を整理するとおよそ次のようになる。これらはいずれも情報をやりとりする"相手"を常に強く意識する内容となっている点で共通している。人とのかかわりの中で情報モラルに着目させ，実践的に身につけさせるというような，一貫した指導コンセプトをもたせるうえで有効である。

- レポート……情報の収集の仕方（図書館・インターネットの初歩），情報の保管・整理の仕方（ファイリング・ポートフォリオの活用法等），情報の加工・構成の仕方（カード・付箋紙を活用したコンセプトマップ法等），情報の発信の仕方（レポートづくりに最小限必要な項目，見出しの工夫，資料の提示方法，引用の仕方，Webでの公開）等を指導する。
- コミュニケーション……主として「相手意識」を具体化させた活動を組む。アポイントの取り方（電話・手紙・ファクシミリ・電子メール），インタビューの仕方，礼状や報告の文書の書き方等があげられる。
- プレゼンテーション……種々の表現方法を主体にして学習活動を展開する。具体的には，わかりやすく話す方法（結論を先に述べてから細かい説明に入る，順序立てて話す等），プレゼンテーションツールの特質の理解，その場面や状況に応じたツールの選択と活用方法等を指導する。

◆**情報モラル関連事項の抽出**

　生徒の実態や学校の環境を考慮して，また実際の活動場面を想定した指導内容の抽出と展開を試みるとよい。次に一例を示す。

	テーマ	内　容
①	学校のネットワーク端末の使い方 検索エンジンを活用した情報収集	コンピュータ室など，学校のネットワーク端末使用方法のオリエンテーションをかねて実施するとよい。
②	電子メールを使った取材交渉 グループ内の情報共有 （電子掲示板活用）	「コミュニケーション」講座と連動するかたちで，電子メールや電子掲示板でのエチケットを扱う。授業での成果物をそのまま，その後の活動で使用できるようにする。
③	レポートのまとめと公表 （ブログなどWebでの公開）	テキスト部分と画像の組み合わせで簡単なレポートをまとめ，公開する。公開手段はブログに限らず，学習環境に即したものにすればよい。

2．指導の実際

① 第1回

学校のネットワーク端末の使い方

【学習のめあて】学校の実態に合わせた指導を展開する。一般的な活用マナーや約束事，操作にかかわる指導などが考えられる。

検索エンジンを活用した情報収集

【学習のめあて】検索操作を通して情報提供者（Webサイトの開設者）がさまざまであることを確認し，その特性や活用にあたっての注意点などを確認する。

学習の流れ	留意点など
●グループごとにテーマを与え，検索エンジンで情報を検索する	★テーマの例 地球温暖化／AED／地上波デジタル放送など生徒にとり親しみやすい時事性の高さと検索結果のバラエティー（サイト開設者の多様性）を考慮して設定するとよい。政府（関係）機関，NPO，学術機関，民間企業，任意団体，個人などそれぞれ性格の異なるサイトがヒットすることを事前確認し，テーマをいくつかあげておく。
●ヒットした検索結果（1ページ目）のサイトにアクセスし，その内容を確認する ●発信者の属性と発信内容の関係についてグループで話し合う	★チェックの観点 連絡先は明記されているか／発信者（団体）とその属性は？／URLは？／広告は？／デザインから受ける印象は？／内容の充実度は？／どういう立場からまとめてあるか？……
●確認結果を発表し合い，情報検索上の注意点をまとめる	★まとめの際に押さえるべきポイント ・Webサイトは玉石混淆状態であること（活用目的を明確にしないと迷走する） ・信頼できるか否かを見極めること（情報の発信元の確認とその評価） ・広告バナーやリンク集に慎重にすべきこと（飛び先に何があるかわからない）　など

② 第2回

電子メールを使った取材交渉

【学習のめあて】"リテラシー学習"の学習済みの「コミュニケーション講座」で「依頼文書の書き方」を踏まえて，それを電話やファクシミリなどの通信手段と比較対照しながら，電子メールの特性を生かした活用法やマナーを身につけさせる。

★事前準備
　あらかじめ依頼内容と双方の条件を以下のように設定して，それぞれの役割を演じられるようにしておく。

A：依頼側
　訪問取材したい／希望日時候補あり／取材したい内容（込み入った内容を用意）／アクセス方法を知りたい／ホームページ未チェック……など

学習の流れ	留意点など
●ついたてを隔てた対話実験（電話での対話を想定）をする	★指導上のポイント 　対話の進行に合わせて，それぞれの局面での問題点や，電子メールの特質を生かせば解決可能な点などを生徒への発問などを交えて明らかにし，記録していく。
●対話を進行しながら気づいた点などを述べ合う	
●電子メールの特質を生かした依頼，交渉の仕方をまとめる	★まとめの際に押さえるべきポイント ・事前確認（ホームページや連絡窓口のメールアドレスは信頼に値するか，サイトの内容の把握） ・相手の置かれている状況（多忙な人が相手なら電話や手紙より電子メールが歓迎される） ・基本的な礼儀作法の確認（携帯メール感覚以上の丁寧さ，手紙未満の簡潔さで） ・双方の氏名などの確認（窓口の明確化と直接の担当者の有無確認） ・共有すべき情報の確認（日程や取材内容の確認の際の本文，添付ファイルの使い分け） ・対話の進行と内容の変化（多忙な相手を想定したときの簡便化と礼儀の両立。相手によって最後は"手紙"で締めくくる配慮など）

B：受け入れ側
　業務が忙しい／受け入れ可能日時限定（変動あり）／取材内容により担当者変更／地図入りのホームページを開設してある……など

グループ内の情報共有（電子掲示板活用）
【学習のめあて】電子メールに関する活用で確認した要注意事項を踏まえ，電子掲示板の書き込みを通して配慮すべき点を確認して，その活用をすすめる。

★押さえるべきポイント
・携帯メール，電子メール，チャットとの区別など特質に合わせた書き込み方の違いを考えさせる。
・不特定多数を想定した書き込み内容，言葉づかいなどマナーにかかわる内容を明らかにし，整理する。

- 個人情報などの保護，誹謗，中傷，いわゆる「ネタばれ」など人権への配慮について明らかにし，整理する。
- 参照先へリンクをはる際は，リンク先の内容確認とトラブルに派生する点に配慮させる。
- 授業後も電子掲示板を活用できるように位置づけ，活用をすすめながらの指導を継続できるようにする。

③ 第3回
レポートのまとめと公表（ブログなどWebでの公開）

【学習のめあて】既習事項を踏まえて，簡単なWebページを作成，公開し，情報の発信者としての自分のありようや発信内容を客観視し，自己評価させる。

★事前準備
- "リテラシー学習"で設定したテーマに基づくレポートを作成しておく。
- テーマ設定の際は生徒が撮影した写真や作品を必要とするようなものになるよう配慮する。（お気に入りのもの紹介，作品解説……など）
- 構成要素はテキスト部分（引用部分なども含む）と画像（写真，図表など）1～2点程度のシンプルなものとする。
- 事前準備段階ではWeb上での公開はあまり強く意識させず，あくまでも個人の学習成果をまとめることを念頭において作業をすすめさせておく。

学習の流れ	留意点など
●Web上での公開を想定し，グループ内でレポートの内容を確認し合う	★確認の観点 ・不特定多数の閲覧者の立場に立って評価する。 ・著作権，個人情報，人権などの観点について評価し合う（ワークシート活用）。 ・問題点についてはその解決方法も話し合わせる。
●Web上での公開可能箇所を抜き出し，書き込む	★指導のポイント 　学習のめあてはレポートの内容の充実度ではなく，Webサイトにアップする際のチェックと，公開結果の自己確認にあることを意識させながら作業をさせる。
●作成したサイトをお互いに閲覧し，評価し合う	★相互評価を通して 　他者の目を通して自分の作品を見つめ直す機会として位置づける。生徒相互だけでなく，保護者にも広く公開し，さまざまな角度からの見つめ直しを促す。

"リテラシー学習"に情報モラル指導を位置づけるための事前準備と環境整備

・定期的な実態調査の実施

　生徒を取り巻くネットワーク環境は日々変貌を遂げている。また，小学校での既習事項も年を追うごとに質量ともに充実したものになっている。"リテラシー学習"の中の位置づけや情報モラル関連の要素の抽出に際しても，生徒の側のニーズを十分に考慮しなければ指導が空回りしてしまうことにもなりかねない。

　そこで，毎年，入学時や進級時などの節目にネットワーク環境に関する実態調査を行い，実態把握をしておくとよい。その際，保護者を対象とした調査も併せて行い，理解と協力を求めておくと，その後の継続的な指導も充実したものにすることができる。

・すぐにできる環境整備

　学校の環境整備は予算措置などの問題があり，すぐには改善できないが，既存の設備をそのまま生かすかたちで整備することはできる。安価で利用できる電子掲示板，ブログサービスなどの有効活用がそれだ。これらを授業の場面で学習ツールとして活用するだけでなく，前項でもふれたように保護者も取り込むかたちで"実用化"するとよい。

　そこに集う関係者が実感を伴って必要としている情報を共有するために活用すれば，生徒にとっての学習ツールは，生徒を取り巻くすべての関係者にとって，なくてはならないコミュニケーションツールとして生まれ変わる。これを活用すれば情報モラルにかかわる継続的な指導も，保護者の環視と理解，協力のもとで実践できるわけである。

・家庭との連携強化

　多くの学校では携帯端末の持ち込みや使用を禁止していると思われる。しかし，情報モラル指導上，携帯端末活用の想定をもはや避けて通ることはできない。指導を真に現実に即したものにするためにも，"臭い物にフタ"をせず，かつ，コントロールされた状況下でこの問題を扱うようにしていく必要がある。

　そのためにも，生徒が手にする携帯端末の契約，監督者である保護者との連携は必須のものと位置づけ，共に指導に参画してもらえるような環境づくりが求められる。

（三浦　匡）

展開モデル例⑤ (中1〜3 総合)

ケイタイプロジェクト
――真の「メディアリテラシー」を身につけることを目指して――

1. つけたい力 ―― メディアリテラシー

　高度情報化社会を生き抜くための大切な力に「メディアリテラシー」がある。一方，中学生にとって一番身近で多くの危険も潜んでいるメディアツールが携帯電話（ケイタイ）である。そこで，ケイタイを切り口に「メディアリテラシー」を身につけることをねらった授業実践例*を紹介する。ここでいう「メディアリテラシー」はケイタイに関する情報機器リテラシーにとどまらず，「情報を見極める力」まで含んでいる。
　学習は「プロジェクト学習」（千葉大学講師鈴木敏恵氏の提唱）の手法を取り入れ進めた。

　　　　　　　　　　　*…横浜国立大学教育人間科学部附属横浜中学校で総合的な学習の時間の実践。

> **千葉大学講師鈴木敏恵氏提唱のプロジェクト学習**
> 　子どもたちが意志をもち，ゴールへ向かい戦略をたて，必要な情報を集め，個を生かしたチームワークで新しい知を創造しながら，困難を乗り越えてより高い成果へ到達していくそのプロセスにおいてさまざまな力をつけることをねらいとするものである。この学習で，課題解決力，情報活用力，思考力，コミュニケーション力，表現力など21世紀を生きる力を身につけることができる。

2. プロジェクト学習

【図A】プロジェクト学習の全体図

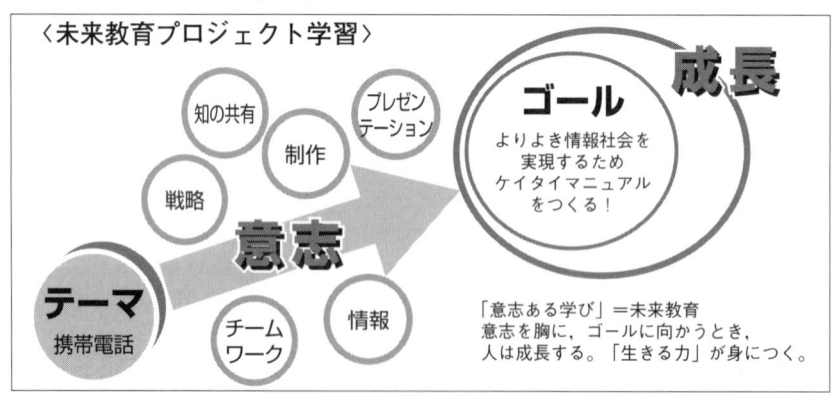

〈未来教育プロジェクト学習〉

テーマ（携帯電話）→ 戦略 → 知の共有 → 制作 → プレゼンテーション → ゴール（よりよき情報社会を実現するためケイタイマニュアルをつくる！）／チームワーク／情報／意志／成長

「意志ある学び」＝未来教育
意志を胸に，ゴールに向かうとき，人は成長する。「生きる力」が身につく。

　プロジェクト学習は，プロジェクトチームで行う。関心の近い者同士が集まりチームを結成し，**準備→テーマ・ゴール→計画→情報リサーチ→制作→プレゼンテーション→再構築→成長エントリー**というフェーズ展開で学習を進めていく（図A参照）。

これらのフェーズを通して学びのサイクルをつくり出すことが大切である。ケイタイプロジェクトではプレゼンテーション制作と再構築（提案書の制作）が同時展開となったが，これらのフェーズはすべてがそろうことによって21世紀を生きる力が育ってくるのである。ケイタイプロジェクトの学習の実際の流れは次のとおりである。

◆「ケイタイプロジェクト」学習の流れ～総合的な学習の時間（2単位×20＝40時間）～

1．準備
1次　「ねらい」と「進め方」の共有
　　　　・ねらい：「情報を見極める力」を身につける。
　　　　　　　　　「情報社会を生きる力」を身につける。
　　　　・進め方：プロジェクト手法とポートフォリオ活用で進めることを伝える。
　　　　・ケイタイに関する自分の「関心」を決め，同じ「関心」の者同士で集まり，予備リサーチチームをつくる。
　　　予備リサーチ：基本的な情報収集
2次　テーマの意識化－1
　　　予備リサーチ・結果合体：各自の調査してきたものをチームごとにまとめる。
3次　テーマの意識化－2
　　　共有：予備リサーチ結果を報告し合う。
4次　専門家による情報提供
　　　・中国のケイタイ事情　・次世代ケイタイ
　　　・中学生の非行とケイタイの関連

ケイタイについてのロールプレイ

模造紙に各自の調査結果を書き込み，同一のものや関連あるものをゾーニングする

2．テーマ・ゴールの決定・計画の作成
5次　チーム結成・テーマ作成
　　　あらためて個人テーマを決め，同じテーマの者同士でチームを結成し，チームのテーマを決めて計画作成。
6次　ゴール・計画作成
　　　計画：仕事の洗い出し，役割分担，スケジュール，情報リサーチの方法を計画する。
7次　長期休業中のリサーチ成果を報告する。

テーマ・ゴール・計画の吟味

3．情報リサーチ
8次　情報リサーチ
　　　情報リサーチ出発前のチェックポイント
　　　・ねらいは何か。
　　　・質問事項はこれでいいか。

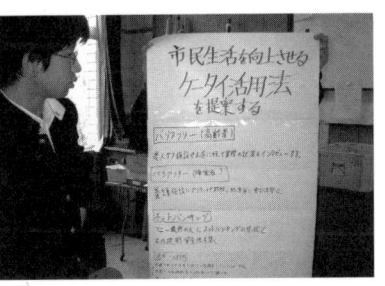

ゴールと計画の共有タイム

```
         ・デジカメなどの機材のチェック。
 11次  情報リサーチ
```

```
4．制作・再構築
 12次  提言書制作
       ポートフォリオにぎっしり詰まった情報から必要
       な情報だけを抜き出し，再構築する。
       ・一番伝えたいことは何？
       ・その根拠は？
 13～14次 提言書・プレゼンテーション制作
```

不老町地域ケアプラザ訪問・インタビュー

```
5．中間プレゼンテーション（相互評価）
 15次  チーム間や専門家からの評価
       アドバイザー：NTTドコモ，日本経済新聞
                消費者教育支援センター
 16次  提言書作成・プレゼンテーション修正

 17次  提言書完成
```

ポートフォリオから必要な情報だけを抜き出し，再構築する

```
6．プレゼンテーション
 18次  校内の中学生・保護者・地域へ発表

 19次  社会・企業・一般市民へ発表
```

校内プレゼンテーション

```
7．成長エントリー（自己評価）
 20次  自分の成長を発見・確認する。
       ・「情報を見極める力」は身についたか。
       ・「情報社会を生きる力」は身についたか。
```

3．プロジェクト学習の成功戦略

◆学習の「ねらい」と「価値」を生徒へ伝える

　準備のフェーズがこれに当たる。ケイタイプロジェクトでは，ケイタイの現状を示す資料を紹介したり，専門家から海外のケイタイ事情や次世代ケイタイの方法の提供を受

ける。

　話を聞くだけでなく，生徒自身に予備リサーチさせる。これらにより「テーマの意識化」が行われ，ケイタイプロジェクトのねらいは「情報を見極める力」をつけること，世の中のために役立つミッションのある学びであることが生徒の心に根づいていく。

　「総合的な学習の時間」を確かな成長のある学びにするポイントは，学習の「ねらい」と「価値」を教師と生徒が共有することにある。教師は生徒が追求するに値するような題材を設定したいものである。

◆「テーマ」と「ゴール」を明確にする

　プロジェクトチームが結成されるとまず取り組むフェーズが「テーマ・ゴール作り」である。

　A子を例に「テーマ・ゴール」をどのように設定したか説明してみる。ケイタイプロジェクト全体のテーマはケイタイであり，全体のゴール（到達目標）は「ケイタイマニュアルを作成し，社会へ発信する」である。このとき大事なのが「よりよき情報社会の実現のため，人々をケイタイの危険から守り，利用している人の役に立ちたい。そのために自分たちでケイタイマニュアルをつくるぞ！」という「意志」である。

　プロジェクト全体の「テーマ・ゴール」のもと，関心の近い者同士がプロジェクトチームを結成した。A子はB子と「高齢者」というテーマで調べ，「ケイタイを生かし，より快適な生活を高齢者の方へ提案します」というゴールを設定した。

『ケイタイマニュアル』
（A4版フルカラー44頁）

　今回の学習では「準備」から「テーマ・ゴール」を決定し，仕事の洗い出し・役割分担・スケジュールなどの「計画」を設定するまでに6回の授業（12時間）をかけた。この部分で教師がしっかりかかわることが，生徒主体の学びを成功させる秘訣である。

◆「何のために何をやり遂げようとしているのか」問い続ける

> ときには，自分たちのゴールが見えなくなって，ただ「行くこと」が目的になってしまったときもありました。そこでいつも鈴木敏恵先生が「テーマは？　何のために？」と問いただしてくださいました。いまでは，あの確認がなければ，よいリサーチ結果を得られなかったと思います。（A子）

　この作文にもあるように，調査それ自体が目的化してしまうことがある。「情報リサーチ」のフェーズでは，自分たちの「テーマ・ゴール」と照らし合わせてからアンケートやインタビューに出かけるように指導することが大切である。

また，調査になかなか取りかかれなかったり，調査が難航している生徒にも「あなたのテーマ・ゴールは何？」と問いかけることにより，自分の考えが整理され，彼ら自身が対策を見いだすきっかけとなった。

この40時間を超える学習の中で最も頻繁に行った指導が，「**何のために何をやり遂げようとしているのか**」と問いかけることであった。

◆ポートフォリオ評価

プロジェクト学習の必須アイテムにポートフォリオがある。ポートフォリオは学習歴ファイルである。クリアファイルにすべての活動プロセスを入れる。メモや新聞記事，インターネットから得た情報などが時系列にファイルされている。ポートフォリオをパラパラめくることによりプロジェクト学習全体を俯瞰することもできるのである。

ポートフォリオは学びの道標

最後のフェーズは「成長エントリー」である。生徒は分厚くふくらんだポートフォリオに付箋をつけながらを自分の成長を発見し確認するのである。A子のポートフォリオを開いてみよう。12月1日のシートには，ケイタイについて「便利でカッコイイもの」と表面的な印象が書かれていた。それが8か月後には「手から広がるコミュニケーションの道具」「年代・年齢に関係なくやりとりできる道具」と書くことができるようになった。

ポートフォリオをつくることは，自分の学びの産物を自分の意志で管理することにつながる。「意志ある学び」にポートフォリオは不可欠である。

4．生徒はどう変わったか

学びの途中では，アンケートを拒否されたり，何日もかかって集めた情報が自分の「テーマ・ゴール」とずれていて使えなくなったりなど数々の困難に遭遇したが，チームメートのアドバイスや社会の方からのご支援をエネルギーに変えてそれらの困難を乗り越え，ついにゴールにたどり着くことができた。

学習の成果は『ケイタイマニュアル』にまとめられ，全校生徒，市内の中学校，全国のＰＴＡ組織，協力を受けた携帯会社などに寄贈することができた。

さて，この学習を通して生徒はどう変わったのだろうか。1年間の学びをふり返り，まとめを行った「成長エントリー」の中から生徒の声を拾ってみることにする。

・いろいろな情報にふれることで重さの違いがわかった。インターネットは軽い，新聞は重い，インタビューはさらに重い。

- 前はケイタイのトラブルがあったらメーカーや行政が何かしらの対策をすれば,絶対大丈夫だと思っていたけど,自分の身は自分で守ることが一番大切だと考えるようになった。
- 自分でゴールを決め,自分で方針を決めて,自分で学習して,自分で責任をもって最後までやり遂げて,自分に自信がもてた。
- ひとつのことをさまざまな視点から見て,考えることができるようになった。
- 自分&世の中の人のためになりたい!! と思うようになった。
- ちゃんと根拠をつけて結論を出すようになった。
- 情報(メディア)を比較してそれぞれの特徴がわかり,確かさを見極められるようになった。

生徒の文章から確かな成長が読み取れる。特に「自分に自信がもてた」「積極的に何かしようと行動できるようになった」「自分&世の中の人ためになりたい」といった情意面での成長に手応えを感じることができた。「情報を見極める力」や「情報機器の危険から身を守るメディアリテラシー」にも大きな進歩がみられたことはいうまでもない。

『ケイタイマニュアル』の中で鈴木氏は「大事なのは,skill(技術)より,will(意志)!」と述べている。メディアリテラシーを情報機器リテラシーに終わらせないカギがここにある。ケイタイプロジェクトはまさに「意志ある学び」であった。

最後に,男子生徒の感想を紹介したいと思う。自分たちが学校の授業で学習したことを実際の社会に提案し,ユーザーのお役に立つことができたという成就感は今後の学習にもインセンティブを与えてくれることだろう。

「本当の学習」

ケイタイプロジェクト,この学習はいままでわたしたちが足を踏み入れたことのない学習であった。この学習がいままでの学習と,どう違うかというと,それは"答え"がないところだと思いました。普段の調べ学習ならば,インターネットや本などを見ると「〜である」とすぐに載っているのですが,ケイタイプロジェクトはそうじゃありませんでした。

インターネットを調べても,図書館で調べても,そんなデータはどこにもなく,あるものといえば"マナーという言葉の意味"と"マナーを守りましょう"というものだけでした。そこでわたしたちは実際にアンケートをとりに行き,さまざまな立場の人のマナー意識を調査したり,さまざまな会社の出しているマナーブックを読みあさりました。

そして,「ケイタイマニュアル」に収められている研究結果を見てもらえればわかるように,できた物の,その意見自体は○,×ではあらわせないのです。わたしが

正しいと思って書いた内容でも，他の人の目から見れば間違っていると思うかもしれません。

　このように，この学習には「正解」というものがなく，先生に聞いても完全な解答は得られません。もちろんそのための手伝いはしてもらえるのですが，結局は自分たちが動かねばなりません。さらに，人と会うにあたって失敗したり，トラブルが起こることもあります。もちろん，なにも得られないことだってあります。しかし，それがうまくいったり，新しいことに気がついたときなどは，他の学習ではとうてい味わえない達成感と，喜びを得ることができます。

　わたしがこの学習を通して学んだことは，「学習」というものだと思います。わたしは，本来学習というのは，暗記したり，計算したりするのではなく，このようなものだと思います。そして，わたしはこの学習を生かし，また次の「学習」に向けて考えていきたいと思います。

（川口信雄）

Ⅳ章

教科学習
で情報モラルを学ぶ
—— 日常の教科指導で使える「ユニット」学習 ——

　「情報モラル」は決して特別な内容ではなく，日常的に扱うべき内容である。したがって，学校教育の中心である教科学習の時間に「情報モラル」を何も取り上げないのは，不自然であるともいえる。教科学習で「情報モラル」を自然に扱うことが，情報化社会における教科学習には求められてくる。

　そこでⅣ章では，教科学習と関連する内容や活動と関連させ，さりげなく日常の教科学習に溶け込むような，自然に学習できる「ユニット」学習を提案する。教科学習のごく一部の時間を使い，各教科の目標や内容に応じた学習を主体にしつつ「情報モラル」に少しだけふれることで，コンピュータやインターネット等に詳しくなくとも，教科指導の専門家であれば扱えるような事例を示してある。

　情報モラルを教科学習と結びつけることで，情報化社会に羽ばたく子どもにとって，教科学習で身につけた力を生活で役立つ力へとつなげていくことになると考える。

1 教科学習に「ユニット」として組み込む

(1) ユニットとは

　各教科の学習内容と関連させて，情報モラルの内容を扱う例である。1単位の45分や50分の授業時間すべてで情報モラルの学習をするのでなく，教科学習の内容と関連した箇所に情報モラルの内容をユニットとして（レシピ的・部品的に）組み込む例である。

　ユニットの組み入れ方は，図18に示すように，1単位時間の中で教科学習の流れの中に1～10分程度の時間を効果的に組み込み，さらに単元（題材）の学習過程の中の関連する場所で何か所か設定していく。

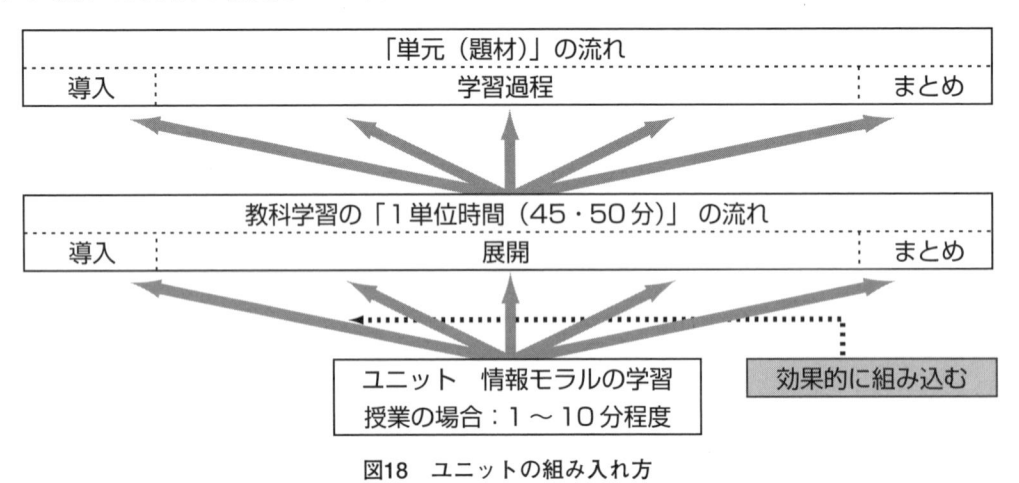

```
┌─────────────────────────────────────────┐
│           「単元（題材）」の流れ              │
│  導入  │        学習過程         │  まとめ   │
└─────────────────────────────────────────┘
           ↑  ↑  ↑  ↑  ↑  ↑
┌─────────────────────────────────────────┐
│     教科学習の「1単位時間（45・50分）」の流れ   │
│  導入  │         展開            │  まとめ   │
└─────────────────────────────────────────┘
           ↑  ↑  ↑  ↑  ↑
      ┌──────────────────┐     ┌──────────┐
      │ ユニット 情報モラルの学習 │ ····│ 効果的に組み込む │
      │ 授業の場合：1～10分程度  │     └──────────┘
      └──────────────────┘
```

図18　ユニットの組み入れ方

(2) 授業への組み込みとは

　組み込む場所は，教科学習のねらいを達成しながら，教科学習と情報モラルの学習とがうまく結びつきつつ，情報モラルの学習が効果的に学習できる導入部分や展開過程のどこか，あるいはまとめの部分となる。この場合は，生活との関連はできるかぎり配慮するが，教科学習の流れを損なわない，ごく自然な組み込みを優先させる。

(3) 想定される教科は

　どの教科でも，インターネットを利用した調べ学習やインターネットで収集した資料を利用したレポート作成などの場面では，情報モラルの内容を組み込むことができる。

　また，学習指導要領や教科書でコンピュータやインターネットを学習の道具として扱ったり，情報関連の内容が示されている教科では，教科のねらいを達成しながら情報モラルにさりげなくふれるようにできる。それらの例は，第4節の学習ユニットのモデルイメージ例（p.116～126）で示していく。

2 教科学習に学習ユニットを組み込む手順

次に示す手順に沿って，教科学習と関連させ，情報モラルを学ぶようにしていく。

手順1	教科学習の場面（単元や授業）でごく自然に「情報モラル」の内容が組み込む必要（あるいは組み込みが可能）があると考えられる学習内容・場面，単元・題材等を当たる。
	参考として，本章「3 学習ユニットが組み込める教科内容」に一覧表を示した（扱える内容は，教科の性格により異なるので，学習内容，扱う場面，単元や題材で示してある）。

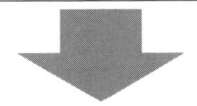

⬇

手順2	教科の学習内容にふさわしい「情報モラル」の内容を決める。 扱う情報モラルの内容の参考となる資料は，Ⅰ章の「5 情報モラルの内容〈「なぜ」の内容〉」に示してある。
	小学校，中学校ともに参考となる資料は，本章の「4 教科に組み込める情報モラル学習ユニットの例」に示されているイメージ例を参考にして，校種，教科の性格，学年（学級）及び自分の指導観にもとづき学習ユニット例をアレンジしたり，適切な内容を考え，組み入れる情報モラルの内容を決める。 学習ユニットのイメージ例は，小学校と中学校兼用で示してあるため，使う情報モラル内容のイメージとして示してある。 その際，「なぜ」を教科の性格や学年状況に即して，学習ユニット例を参考に加えるように配慮する。

⬇

手順3	手順1と手順2とを結びつけ，情報モラルの内容を組み込みながら教科のねらいを達成させる授業展開例（学習指導案）を練る。
	参考となる学習ユニットのモデルイメージ例として，(3)-1 (3)-2 (p.121～122) を示した。

（中村祐治）

3 学習ユニットが組み込める教科内容

　小学校の各教科の授業においては，直接情報モラルに関する内容を取り扱うことは少ない。各教科の授業を通じて，情報モラルを理解するための基盤となる，対面での直接的なコミュニケーション能力，手紙を書くなどの表現活動の体験や一般的なモラルの育成を大切にしていく。

　低学年（3年を含む）では，自分の考えや人に伝えたいことをわかりやすく伝えること，相手の気持ちを考えて話すことなどのコミュニケーション能力の育成が中心になる。情報モラルの学習ユニットを意識した展開をする必要はなく，教科のねらいに向かう学習そのものが，情報モラルの基盤を醸成する学習となっていく。

　中・高学年では，人にわかりやすく話したり，相手の立場を考えたり，信頼性のない情報に気づいたり，著作権を大切にしたり，情報を扱う体験を豊かにしていくことが中心になる。

　以下は，小学校の各教科の授業において情報モラル学習が組み込み可能な内容，題材・単元等の例である。なお，表中にある (1)-a-1 等は，p.116〜126の情報モラル学習ユニット例の番号と対応している。

教科	学年	情報モラル学習が組み込み可能な 内容，題材・単元等の例（小学校）	関連する情報モラル 学習ユニット
国語	1年	○「みぶりを　つかって　はなそう」 　伝えたいことを言葉だけでなく，身振りを使ってわかりやすく伝える。また，情報を正しく聞き，わかったことを発表する。	教科学習で情報モラルの基盤
	2年	○「手紙を書こう」 　伝えたいことが相手に伝わるように書いたり，読み手の気持ちを想像して書いたりできるようにする。	教科学習で情報モラルの基盤
	2年	○「生きものふしぎ図かんを作ろう」 　興味のある生きものについて調べ，わかりやすいように説明の順番を考えたり，図や絵を入れたりして，図鑑を完成させる。	(1)-a-1 情報の価値
	3年	○「分かりやすく書こう」 　書くことをおっくうがらないように，日常生活の中から書きたいことを探したり，詳しく書く書き方を学んだりしながら，文章を書くことに慣れていく。	教科学習で情報モラルの基盤
	4年	○「ポスターセッションで発表しよう」 　「便利」をテーマに取材したことをポスターにわかりや	(3)-1 プライバシー保護

		すくまとめ，工夫して発表する。また，発表を聞いて質問や意見，感想を発表し合う。	(4)-a-1 情報発信
	5年	○「目的に応じた伝え方を考えよう」 　教材文から情報を発信するスタッフの情報収集の様子や伝えたいことの絞り込みや情報発信する人の様子について理解を深める。自らが情報の発信者として番組作りを体験する。	(4)-a-1 情報発信
	5年	○「おもしろさのひみつをさぐろう」 　テーマに沿って資料（本，インターネット，アンケートなど）を集め，資料からわかったことをまとめ発表する。	(1)-a-1 情報の価値 (3)-1 プライバシー保護 (4)-a-1 情報発信
	6年	○「情報をもとに考えをまとめて書こう」 　本や新聞などの情報は，信頼できる出版社や新聞社が作成しているものであり，情報の新旧に気をつければ，安心して使える。しかし，インターネットの情報は，自治体や研究機関など信頼できるサイトもあれば，誰でも簡単にサイトをもてるために，個人的主観の強い情報や研究の価値が認知されていない情報など信頼度の低いものもあることに気づかせる。	(1)-a-1 情報の価値
	6年	○「考えを伝え合って深めよう」 　調べたことから自分の考えを整理し，話し合っていくなかで，調べたことと自分の考えを区別して伝えられるようにする。	(4)-a-1 情報発信
社会	5年	○「情報と社会」 　情報が社会に与える影響や働きを，コマーシャル，テレビ，新聞，コンピュータを通して学習する。そして，交流している学校と地域情報交換会を開く。	(4)-a-1 情報発信 (5)-a 自分の考えをもつ
	5年	○「情報の仕組み」 　情報を伝える産業が国民の生活に大きな影響を及ぼしていることと情報の有効な活用の大切さを考えていく。	(5)-b 情報を正確に読み取る
	5・6年	○「学習のまとめ『○○新聞』を作ろう」（→展開モデル例②） 　社会科で新聞を作る際にさまざまなデータやグラフを扱う。同じタイトルで報告年の異なるデータを用いて，どちらを引用すればよいかを考えていく。 　新聞に利用する画像や文章について，著作権があり，無断で利用できない場合があることを理解する。また，出典を明記することで著作権保護になることも理解する。	(1)-a-4 情報の価値 (2)-5 著作権

	6年	○「戦争について調べよう」 　インターネットや本で調べることで，一つの事実に対していろいろな考え方があることを知る。いろいろな立場や考え方で情報を発信していることを知る。	(1)-a-1 情報の価値	
算数	2年	○「ひき算」 　「画用紙があります。26枚使ったので，残りが13枚になりました。はじめに画用紙は何枚ありましたか。」という問題で，キーワードの「使った」という言葉で式を立てると「26－13」と間違った式になる。 　問題文にある言葉に頼るのではなく，文章をよく読んで問題場面を把握する力が情報モラルの育成につながっていく。	(5)-b 情報を正確に読み取る	
	5年	○「三角形の面積の求め方」(→展開モデル例①) 　一人ひとりがいままでに学習した面積の求め方を使って，三角形の面積の求め方を考えていく。聞き手を意識して，自分の考えを人にわかりやすく述べたり，友達の考えを理解しようとしたりする。 　算数には，問題解決の場が多く設定できる。自分の考えを伝え，友達の考えを取り入れる活動をたくさん経験させることが，情報モラルの育成につながっていく。	(5)-a 自分の考えをもつ	
理科	4年	○「季節による生き物の変化」 　四季を通じて生き物を観察したことを，友達同士で情報交換をする。インターネットを通じて，遠隔地の学校の生き物の様子について情報交換をしていく。情報を発信したり，受信したりする体験を豊かにしていくなかで，情報を扱うマナーを身につけていく。	(2)-3 著作権 (4)-b-1 情報発信	
	6年	○「生きていくための体の仕組み」 　インターネットを利用して体の仕組みについて調べ，まとめる。調べる過程で情報の信頼性について，まとめる過程で著作権について，ふれる。	(1)-a 情報の価値 (2)-3 著作権	
生活	2年	○「生き物となかよし」 　学校で飼育した生き物について，図鑑やインターネットで調べる。図鑑やインターネットで調べた内容をそのまま受けとめるのではなく，自分の体験から得た情報との違いに気づかせていく。	(1)-a-1 情報の価値	
音楽	6年	○「曲を作って表現しよう」 　作曲の発表会をする。友達の作品の工夫したところやうまくできているところを指摘し合い，互いのよさを認めていく。	(2)-3 著作権	

図工	4年	○「共同作品を作ろう」(→展開モデル例③) 　作品に作者名を入れることで、著作権が生じることを意識させる。共同で作品を仕上げながら、どうしたら他者の作品を使用することができるか考えさせ、著作権について実感させていく。	(2)-3 著作権 (3)-1 プライバシーの保護
	6年	○「作品ギャラリー」 　作品を写真に撮り、電子掲示板を使って互いに作品を紹介しあう。互いの作品のよいところや、工夫しているところを参考にしていきながら、著作者の権利について考えていく。	(2)-3 著作権
家庭	6年	○「お金の使い方を考えよう」 　計画的な買い物の仕方を理解し、目的に合わせて適切に買い物ができるように指導するなかで、インターネットショッピングの疑似体験のサイトを使って、紛らわしい表現や陥りやすい危険などについて理解していく。	(1)-a-2 情報の価値 (4)-c-1 情報発信 (5)-d クリック一瞬の怖さ
体育	4年	○「マット運動・跳び箱運動」 　ビデオやインターネットなどの画像や上手な人の演技を参考に、マット運動を行う。演技を友達に見てもらって、うまくいったところや直したほうがよいところを指摘し合いながら、情報交換をしていく。	(5)-b 情報を正確に読み取る
	6年	○「病気の予防」 　生活が不規則になったり、同じ姿勢を長く続けると病気になりやすくなることを理解するなかで、コンピュータの利用の仕方についても考える。	

（田頭　裕・田中光夫・中村祐治）

4 教科に組み込める情報モラル学習ユニットの例

（1）情報を収集する場面（調べ学習等）で使える学習ユニットの例

(1)-a-1 〈情報の価値を判断する例－1〉

〈中〉社会（→展開モデル例⑤）　〈中〉技術・家庭（→展開モデル例⑪）

組み入れ場面　インターネットから収集した情報が真実であるか確認をする。
情報モラルの学習例
　①インターネットで収集した情報を整理する段階で
　　「集めた情報のどれを使うのかな？」と投げかける。
　②ある程度作業が進んだ段階で
　　「皆が集めた情報は，本当の情報かな！」と投げかける。
　③インターネットで収集した情報には嘘の情報と真実の情報が混じっているんだ。

---
③を説明する資料例
○インターネットに流れている情報は，行政という信頼できる組織もあるし，真実で役に立つ情報を流す会社や個人もあるし，人をだましたり，うわさ程度の情報を流す会社や個人もあるし，どこの誰につながっているかわからないんだ。
○情報の価値を確かめる方法には
　・他からも情報をとって比べてみるとわかる。
　・ＵＲＬを見て，信頼できるかどうか確かめる方法もある。

---

(1)-a-2 〈情報の価値を判断する例－2〉

組み入れ場面　インターネットから収集した情報をもとに課題を解決する。
　学校のサーバーコンピュータに，課題の解決に必要な，いかにも真実らしい偽情報をキーワード検索で第一順位で出るように保存しておく。
情報モラルの学習例
　①インターネットで収集した情報を整理する段階で
　②ある程度作業が進んだ段階で
　　「皆が集めた情報は，本当の情報かな！」と投げかける。
　③インターネットで収集した情報には嘘の情報と真実の情報が混じっているんだ。
　④インターネットの特徴を踏まえながら，どうしたら信頼ある情報を集めることができるかを考えさせる。

④を説明する資料例
○インターネットがつながっている先は、行政という信頼できる組織もあるし、真実で役に立つ情報を流す会社や個人もあるし、人をだましたり、うわさ程度の情報を流す会社や個人もあるし、どこの誰につながっているかわからないんだ。
○情報の価値を確かめる方法には
・他からも情報をとって比べてみるとわかる。
・ＵＲＬを見て、信頼できるかどうか確かめる方法もある。

(1)-a-3　〈情報の価値を判断する例－3〉

〈中〉数学（→展開モデル例⑥）　〈中〉理科（→展開モデル例⑦）

組み入れ場面　教科学習に必要な情報（観察や実験の過程）を検索する。
情報モラルの学習例
①検索して収集した情報が価値あるものか確認させる。
　　個人のホームページからか、行政関係の研究所からか。
②収集源により情報の価値に違いがあるか、教科書や図書と照らし合わせて確認する。
③インターネットは、どういう仕組みで情報が流れているかを考える。

③を考えさせるヒント例
　インターネットは、世界中につながり、世界から一流の研究内容が検索できる反面、誰でも自由に情報が発信できるため、研究の価値が認知されていない情報も流れている。

(1)-a-4　〈情報の価値を判断する例－4〉

〈小〉社会（→展開モデル例②）

組み入れ場面　教科学習に必要な情報（調べ学習）を収集する。
情報モラルの学習例
①収集した情報のデータに違いがあることを確認させる。
②違いがどこにあるのかを考え、調査年により違いがあることに気づかせる。
③インターネットで情報を収集する場合にも、調査年を確認する必要があることを押さえる。

③を考えさせるヒント例
○インターネットは、最新の情報ばかりでなく、古い年の情報などさまざまな情報が

入り交じっている。

(1)-b-1 〈有害情報にアクセスする例〉

組み入れ場面　児童・生徒が情報を収集する場面で有害情報のサイトをディスプレイに出す。
　ⓐ授業中に児童・生徒がアダルトサイトを開いて，すぐに閉じる場面
　ⓑ教師に内緒で見ている場面
　ⓒ学習に必要な情報を探しリンクしていった結果，有害サイトにつながる場面
情報モラルの学習例
　①内緒の場合は，さりげなく閉じさせ，「インターネットは何でも見れちゃうね」という投げかけをする。
　②なぜ，インターネットは，有害情報につながるのかな。

②を考えさせるヒント例
○インターネットの情報は，会社などの公共の情報や個人の私的な情報，有益な情報や有害な情報など，どんな情報も，みな一緒で，ごちゃごちゃに混じっている。
○キーワードとなる言語が検索用語となっているため，その用語を含む文章を探し，つながる仕組みになっている。特に，ロボット型の検索エンジンの場合は，プログラムが探すため，学習に必要ない情報までヒットさせる。

(1)-b-2 〈有害情報にアクセスする例〉

組み入れ場面　インターネットの検索エンジン（Google，Yahoo など）で学習に必要な情報を収集する。
情報モラルの学習例
　①キーワードで検索して学習に必要のない情報（有害情報）がたくさん出てくる。
　②本当に学習に必要な情報がなかなか収集できないところで……。
　③集める情報によって検索するエンジンを選びかえる必要があることを考える。

③を考えさせるヒント例
　検索エンジンは，コンピュータが自動的に検索するキーワードによって選んだ情報を閲覧できるようになっている。
　だから，学習に必要な情報に優先的にヒットするのでなく，社会で人気のある私的なブログなどの情報が先に出てくる。

(2) レポート作成（作品制作）場面で使える学習ユニットの例

(2)-1 〈著作権の例-1〉

〈中〉音楽（→展開モデル例⑧）

組み入れ場面 インターネットで必要な図や写真を収集する。

情報モラルの学習例

①図や写真が収集できるホームページ（例えばGoogleイメージ検索）を使い，児童・生徒が自分の学習に必要な情報を集める。

②「著作権で保護されている場合があります」の表示に注目させる。

③図や写真を使う場合は著作権を守る必要があることにふれる。

著作権にふれる程度 校種，教科，学年，ふれる時間によって程度を変える。

軽くふれる例：「著作権があると表示されている場合は，許可を求める必要があるんだ。しかし，学校の中だけで学習に使う場合は特別に許可を求めなくともいいんだ」と説明する。（参考　著作権法第35条）

考えさせる例：「軽くふれる程度の内容を説明後に，なぜ，コンピュータで処理する場合は著作権を守ることを考えなくてはいけないのかな」などと投げかけ，理由を考えさせる。

考えさせるヒント例

○コンピュータは，もとのままそっくりコピーできる。

○もとのままそっくりコピーするということは，図を作った人や写真を撮影した人と同じことをしている。

○同じことをしていることは，作ったり撮影した人がもっている著作権という権利をただで使うことになり，コピーという行為が著作権を侵害することになる。

(2)-2 〈著作権の例-2〉

〈中〉美術（→展開モデル例⑨）

組み入れ場面 インターネットで収集した資料を利用して作成したレポート（作品）を評価する。

情報モラルの学習例

①レポート作成の評価項目に「著作権を守っているか」を組み入れる。

②インターネットで収集した資料がどのような形態，どの程度の量などでレポートに利用されているか評価する。

③ほとんどインターネットから収集した情報を活用した場合は，なぜ，そのままの利用が多いかを考えさせる。

③を考えさせるヒント例（いわゆるコピー＆ペーストの機能）
○コンピュータは，データをコピーして，いったんコンピュータ内部の記録装置に保存して，それをそのまま利用できる。
○コピーして，そのまま何度でも利用できる機能は，コンピュータの便利さである反面，著作権侵害という違法行為につながりやすい。

(2)-3 〈著作権の例－3〉

〈小〉理科　　〈小〉音楽　　〈小〉図工（→**展開モデル例③**）　〈中〉外国語（→**展開モデル例⑫**）

組み入れ場面　デジタルカメラで撮影した友人の作品を利用する場面（グループ学習や互いの素材交換場面で，他の児童・生徒が作成（制作）した作品を自分の作品発表の場で意識的に著作権にふれる学習を組み入れる）
情報モラルの学習例
①撮影した個人の作品を利用する際に，作成者の許可（許諾）を取る学習をする。
②許可が得られた場合に，許可が得られた表示を作品に表示する。
③なぜ，デジタルカメラで撮影したものを利用する場合は許可を得る必要があるかを考える。

③を考えさせるヒント例
　デジタルで処理した情報は，何回コピーしても，もとのままの情報が再現できるメリットがある反面，撮影した人以外が勝手に作品をコンピュータにダウンロードして使い，著作権を守らないことにつながるから。

(2)-4 〈著作権の例－4〉

〈中〉国語（→**展開モデル例④**）

組み入れ場面　作文や感想文などの文章を書くとき，友達の情報を活用する。
情報モラルの学習例
①学習課題に応じて，自分の考えを述べる文章を書く。
②友達の意見を取り入れながら，主題の考えをまとめた文章にしていく。
③引用と自分の考えが区別できているかを著作権の立場から考える。

③を考えさせるヒント例
　アナログ的な文章でも著作権を考慮しなければならないことを押さえるとき，デジタルの場合は，簡単に他の人の文章を引用できるので，気をつけることにふれる。

(2)-5 〈著作権の例－5〉

〈小〉社会（→展開モデル例②）　　〈中〉社会（→展開モデル例⑤）

> 組み入れ場面　収集した情報を学習に活用する。
> 　①調べ学習で参考資料のグラフやデータを引用する場面。
> 　②調べ学習で参考資料やネット上の画像を使用する場面。作文や感想文などの文章を書くとき，友達の情報を活用する場面。
> 情報モラルの学習例
> 　①図書や資料から収集した情報の出典や調査日を押さえることに気づかせ，インターネットの場合は，さらにもっと慎重に確認する必要があることを押さえる。
> 　②自分の資料を作成するときには，引用した資料には著作権があることに気づかせ，その引用方法のルールを守り，資料を完成させる。
> 　③引用と自分の考えが区別できているかを著作権の立場から考える。

> ③を考えさせるヒント例
> 　アナログ的な文章でも著作権を考慮しなければならないことを押さえるとき，デジタルの場合は，簡単に他の人の文章を引用できるので，気をつけることにふれる。

(3) 発表場面で使える学習ユニットの例

(3)-1 〈プライバシー保護の例－1〉

〈中〉美術（→展開モデル例⑨）　　〈中〉保健体育（→展開モデル例⑩）　　〈中〉外国語（→展開モデル例⑫）

> 組み入れ場面　デジタルカメラで撮影した友人の写真を作品などに利用する。
> 情報モラルの学習例
> ①個人の写真を作品に利用する際に，被写体の許可を求める場面を設定する。
> 　許可をもらった証拠として証明書を指導者が発行する。
> ②証明書があることを作品にロゴマークなどで示す。
> ③コンピュータで処理するときは，なぜ，プライバシーのことを配慮するのか考えさせる。

> ③を考えさせるヒント例
> 　コンピュータは，撮影した写真が簡単に加工できるメリットがあるが，本人の知らないところで，本人のいやがるかたちに写真が加工されるおそれがある。

(3)-2 〈プライバシー保護の例－2〉

〈中〉国語（→展開モデル例④）

組み入れ場面　友達の反対意見を文章に取り入れながら自分の考えをまとめる。
情報モラルの学習例
　①ディベート式の学習課題に関して自分の考えをまとめる。
　②自分の考えを正当化するとき，反対意見をもつ友達の意見を引用する。
　③正当化するときでも，氏名や住所以外の他の考えを引用するときは，プライバシーを保護する視点を考慮することを押さえる。

---

③を考えさせるヒント例
　アナログ的な文章でも氏名や住所以外の考え方等のプライバシーを考慮しなければならないことを押さえるとき，デジタルの場合は，簡単に他人の反対意見を引用できるので，気をつけることにふれる。

---

(4) 情報発信で使える学習ユニットの例

(4)-a-1 〈情報を正確に伝えるための工夫例〉

〈小〉国語　〈小〉社会

組み入れ場面　交流をするための原稿を考える。
情報モラルの学習例
　①交流会のための原稿を考え，過程の適切な場面で。
　②文字情報だけでどれだけ正確に伝わるか，さまざまな人に聞いてもらう。
　③文字情報だけでは限界があることに気づかせ，写真やテレビ会議など映像があると，より正確に情報が伝わることを押さえる。

---

③を考えさせるヒント例
　文字情報だけでは，正確に伝えることに限界があることを押さえるために，さまざまな人に聞いてもらい，何が伝わったかアンケートをし，集計する。情報を正確に伝えるために何が必要かを考えさせる。

---

(4)-b-1 〈誤解を招きトラブルになる例〉

〈小〉理科

組み入れ場面　交流学習をする。
情報モラルの学習例

①交流している学校と共通の話題について発表するための原稿を考える。
②さまざまな方法で調べ，自分の意見をもつ。
③交流するときには，自分の意見なのか，調べたことなのかをはっきり区別して伝えること，信用できない情報を伝えるとトラブルの原因になることを押さえる。

③を考えさせるヒント例
　情報を伝えるときには，自分の意見なのか調べたことなのかをはっきり区別しないで間違った情報を伝えてしまうと，相手は信用してしまうことを，うわさ話などを例にあげて気づかせる。

(4)-b-2 〈間違った情報を発信した例〉

組み入れ場面　校内LANで互いに情報をやりとりする学習。
情報モラルの学習例
　①学校や教室内で互いに情報をやりとりしている過程で。
　②教師が，発信者がわからないように，故意に間違った情報を学習過程で流す。
　③間違った情報をどう受け取るかを見守る。

③を考えさせるヒント例
　インターネットの場合は，すべて正しい内容の情報が発信されているとは限らないことにふれ，発信された情報を鵜呑みにしないで，自分で判断してから情報を活用するようにする。

(4)-c-1 〈個人情報を発信する例〉

〈小〉家庭

組み入れ場面　買い物の仕方を考えさせる。
情報モラルの学習例
　①買い物をする方法について考えさせる。
　②インターネットでも買い物ができることにふれる。
　③インターネットショッピングの疑似体験サイトを使い，信用できないサイトでの買い物をしないことや，むやみに個人情報を送信しないことを押さえる。

③を考えさせるヒント例
　信用できるサイトには，住所，電話番号，メールアドレスなどの連絡先や商品情報がしっかり載せてあること。また，支払い方法が多様であったり，返品の方法などア

フターケアがしっかりしていることに気づかせる。

(5) さまざまな場面で使える学習ユニットの例

(5)-a 〈自分の考えをもつことの例〉

〈小〉算数（→展開モデル例①）

組み入れ場面　人の意見を聞く，自分の意見を発表するなど，コミュニケーションの内容にあたる。
情報モラルの学習例
①自分の考えを人にわかるように発表すること。
②人の考えを聞いて理解しようとすること。
③人の考えと自分の考えの相違をつかみ，人の考えのよいところや自分の考えのよいところを考えていくこと。

③を考えさせるヒント例
　情報モラルといっても，「あれはいけない，これはしない。これは，ここまでやっていい」というだけでなく，コミュニケーションや伝えたい内容を充実させていくことが大切と考える。「ワープロは打てても作文は書けません」「コンピュータは使えても伝えたい内容がありません」では意味がないです。それと同じように，情報モラルについても，伝えたい内容の中身の充実がとても大切であると思います。
　教科の学習においては，直接情報モラルにふれる場面もありますが，豊かなコミュニケーションを充実させていくことが，特に，小学校では重要と考えます。

(5)-b 〈情報を正確に読み取る例〉

組み入れ場面　さまざまなメディアから学習情報を得る。
情報モラルの学習例
①メディアから学習情報を受け取る。
②メディアの違いによって受けた情報の違いを知る。
③メディアから得た情報は見方によって変わることに気づかせる。

③を考えさせるヒント例
○インターネットには，正しくない情報があることに軽くふれる。
○ビデオに写された情報は，意識的に一部を強調した編集をしているものがあることに軽くふれる。

○どんなメディアでも，情報を受け取るときは，情報の価値を判断して受け取ることに気づかせる。

(5)-c 〈情報の仕組み〉

組み入れ場面 さまざまな情報手段の学習がある内容。
情報モラルの学習例
①情報を伝えるためにはいろいろな手段がある。
②情報を伝えるために，(ア)新聞や雑誌の記事を書いたり集めたり編集したり印刷したりする，(イ)テレビやラジオなどの番組をつくり電波で流す，(ウ)電話やファクシミリの電話回線の整備をする，(エ)インターネットを使った広告や情報をつくるなど，それぞれさまざまな情報手段の仕事のために働く人がいる。
③そこに働く人は，情報を正しく確実に伝えるために苦労している。

③を考えさせるヒント例
○情報手段は違っても，コンピュータを使って仕事をしている人が多く，情報を正確で確実に伝えるために何度も確かめてから情報を処理している。
○情報を受けた人にわかるような情報を流すよう苦労している。
○情報を受けた人がどう感じたかをモニターしてもらう仕組みがある。
○家庭に仕事を持ち帰る人は，秘密の情報を持ち帰ることは禁じられている。
○家庭で仕事をするときは，情報が他に漏れないようにしている。

(5)-d 〈クリック一瞬の怖さ〉

組み入れ場面 インターネットなどで買い物を想定する学習
情報モラルの学習例
①インターネットで買い物をするメリットやデメリットを考える。
②メリットを生かすためには，どうしたらよいかを考える。
③デメリットに会わないため，マウスでクリックする前にすることを考える。

③を考えさせるヒント例
　コンピュータやインターネットは，非常に便利な道具である反面，使い方を間違えると知らず知らずに加害者になったり，被害者になったり，凶器となったりする。便利な道具と危ない凶器の境目は，一瞬のクリック操作で決まる。
　一瞬のクリック操作は，知らない場所で道を間違えて後戻りし，もとの道へ戻れるのと違い，判断ミスや誘惑に負けた結果が後で取り返しのつかないことになる大きな

境目となる。

　だから、一瞬のクリック操作をする前に、コンピュータやインターネットがもつ特質を理解しながら活用すれば、怖がらずに便利な道具として教科学習や友人同士のコミュニケーションに役立つ道具となる。

クリック一瞬が光と影への分かれ目（分水嶺）
ちょっとの判断ミス・気持ちのゆれが大きな差になる

| 影 | 光 |
| 悪 | 善 |

使い方を間違えると怖い道具

怖い道具
無益・有害な情報
無料のワナにかかる
莫大な経済的損失を被る
著作権などで人に被害を与える
誤解を与えたり人を傷つけたりする
顔が見えないからエスカレートする

上手に使えば善の道具

便利な道具
有益・役立つ情報
無料で情報を入手
家にいながら情報を入手
写真でもコピーがすぐできる
知らない人でも誰とも仲良くできる
顔を見ないで仲直りできる

コンピュータやインターネットには善悪がない、使う人が善悪を決める

図19　クリック一瞬が光と影への分かれ目

（中村祐治）

5 授業の展開モデル例

展開モデル例① (小5　算数)

三角形の面積の求め方

1．利用した学習ユニット　　(5)-a　〈自分の考えをもつことの例〉

2．組み入れ場面
自力解決の場面。考え方の発表の場面。いろいろな考え方を受けとめて統合整理する場面。

3．情報モラル学習組み入れのポイント
情報化社会に参画する態度の育成には，「自分で考えること。自分の考えを伝えること。相手の考えを受けとめること」が大切である。算数では，問題解決の場面が多く設定される。さまざまな場面で，思考や考え方の訓練をしていくことが，伝える情報の中身の充実につながってくる。このことが情報モラルの育成につながっていく。

4．授業展開の概要

問題提示	黒板に示された三角形の面積の求め方を考える。
自力解決	一人ひとりが自分で求め方を考える。 既習の正方形，長方形，平行四辺形への変形の方法を考える。 （※自分の考えをもつことが大切）
考え方の発表	自分の考えた方法を発表する。 （※自分の考えを人に示すことが大切） 友達の考えを聞く。 （※人の考えを聞くことが大切）
練り上げ	友達の考えと自分の考えの相違点や共通点を考える。 考え方を統合整理していく。 （※総合的に思考していくことが大切）

（田頭　裕）

展開モデル例②　(小5　社会)

学習のまとめ「〇〇新聞」を作ろう

1．利用したユニット　　(1)-a-4　〈情報の価値を判断する例－4〉　　(2)-5　〈著作権の例－5〉
2．組み入れ場面（①と②の2場面）
　　①参考資料のグラフやデータを引用する場面
　　②参考資料やネット上の画像を使用する場面
3．情報モラル学習組み入れのポイント
　　①・グラフやデータなどの情報を適切に選択させるためには，何を見て判断すればよい
　　　　かを気づかせる。
　　　・グラフやデータを引用する場合，出典と調査年を明らかにする必要があることを指
　　　　導する。
　　②・図書やネット上に掲載されている写真には著作権があることを指導する。
　　　・学校の学習において使用する場合や個人的に利用する場合は認められるが，そうで
　　　　ない場合はむやみにコピーしてはいけないことを指導する。
　　　・「他人の作品を使わせていただく」という気持ちを意識させる。
4．授業展開の概要
　　①参考資料のグラフやデータを引用する場面
　　社会科においては，さまざまなグラフやデータと出合う。ここでは農業の学習を例に
して，同じタイトル（「都道府県別米の生産量」）の2つのデータを比較しながら，どち
らを引用すればよいのかを考えさせる。

| 同じタイトルでも調査年の異なるデータを子どもたちに提示する。 | 教科書と資料集とを使って，米の生産量の多い都道府県を調べてみよう。 |

↓

| 教科書と資料集にある2つのデータを比較し，なぜ数字が異なるのかを考えさせる。 | わたしが教科書で調べたところ，1位は新潟県でした。 |
| | ぼくが調べた資料集によると，北海道が1位でした。どうして違うのかな…。 |

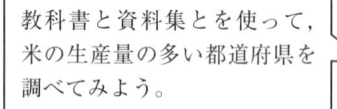

↓

5 ● 授業の展開モデル例

同じタイトルでも，年代が違うと内容も異なることに気づかせる。	二つとも農林水産省のデータだけど，調査した年が違うよ！

↓

これからグラフやデータを引用する場合は，出典と年代を確認し，それらを明記することを押さえる。インターネットで集めた情報の場合は，もっと慎重に確認する必要があることを押さえる。	グラフやデータは調査した年によって数字が異なります。引用する場合は，新しいデータにしましょう。引用した場合は，出典や調査年を記入しておくことも大切ですね。

②参考資料やネット上の画像を使用する場面

「○○新聞」などを作る際に，利用する画像の著作権について指導する。ここでは，自動車工業に関する学習を例にする。

> 工場の様子を新聞にまとめたいと思っています。ホームページや資料集の写真をのせて説明をしたいのですが，できますか？

・著作権についての指導を行う。 ・学校の授業で利用する場合は，コピーをして新聞作りなどに利用できることを指導する。	写真などの作品には著作権というものがあって，むやみに使用してはいけないんだ。でも学校の授業で利用するのであれば，いろいろな本やネットから図面等をコピーできるよ。

> ぼくは，車の写真をたくさんのせて，見ると楽しくなるような新聞を作りたいな。

・本当に必要な範囲内で利用するということを指導する。 ・出典を明記することも指導する。	コピーしてもいいからといって，いくらでものせていいというわけではないんだ。自分の作品の中に，他人の作品を使わせていただくという気持ちを忘れないようにね。

(馬場智志)

展開モデル例③　(小4　図工)

共同作品を作ろう

1. 利用した学習ユニット　　(2)-3　〈著作権の例－3〉
2. 組み入れ場面
   ・作品を仕上げる場面（作者名の明記）
   ・他者の作品を借りて自分の作品を仕上げる場面（著作権の学習）
3. 情報モラル学習組み入れのポイント
   ○図工で制作するすべての作品に著作権が生じることを意識づける。
   ・作品に，作品名・作者名を明記することで，「自分の作品」という意識を高める。
   ・他者の作品を使用する場合，何を誰から借りたのかがわかるように自分の作品中に明記することで，他者の作品を尊重する。
   ○著作権について知る。
   ・子ども向け著作権関連サイトの使用。大きなモニターに写せば，一斉学習が可能。
   ・視覚・聴覚にうったえながら，わかりやすく学習ができる。
   ・図工での実際の活動に沿い，現段階で必要な内容のみにとどめる。
   ○著作権を守りながら他者の作品を活用できる方法を知る。
   ・「他者の作品を使用してはいけない」ではなく，「どうしたら他者の作品を使用することができるのか」を考えていく過程で，著作権とはどういうものかということを実感させていく。
4. 授業展開の概要
   ①個人または少人数グループで，オリジナルの作品（キャラクター）を描く。

児童作品A	児童作品B	児童作品C	児童作品D
♥	⚡	☀	🌙
作：○○○	作：△△△	作：□□□	作：▽▽▽

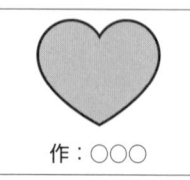

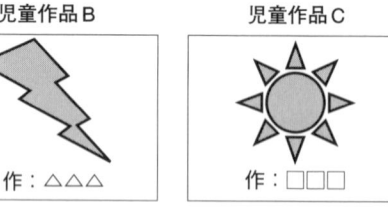

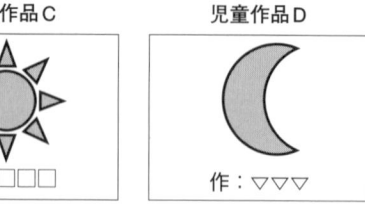

   ・作者名を明記させ，「自分の作品である」という意識を高める。
   ②作品発表会をする。

③背景を描き，自分のキャラクターを配置する。
・自分が作ったキャラクターが住む「空想の国」の絵（背景）を描く。
・自分のキャラクターを配置する。
④著作権について知る（著作権についての学習）。
・子ども向け著作権関連サイトを使用する。大きなモニターに写せば，一斉学習が可能。
・視覚や聴覚にうったえながら，効果的な学習ができる。
⑤使用したいキャラクターを選び，使用許諾を受ける（著作権を守った活動の仕方を知る）。
・完成図を考える。
・相手グループの作品をどのように使用するか考える。
・許諾を受けに行く。
・申請内容がOKであれば，サインをもらう。

左のワークシート中の「どのように使いたい？」について，紙などに描画をして作品を作る場合，「回転」「一部を背景等に隠す」等が考えられる。

描画や作業にパソコンを使用する場合は，さらに「縮小」「拡大」「反転」等も入ってくることが考えられる。

⑥キャラクターを配置し，自分の絵を完成させる。
・完成後，作品のタイトルと二つのキャラクター名，作者名を明記することで，著作権を意識させる。

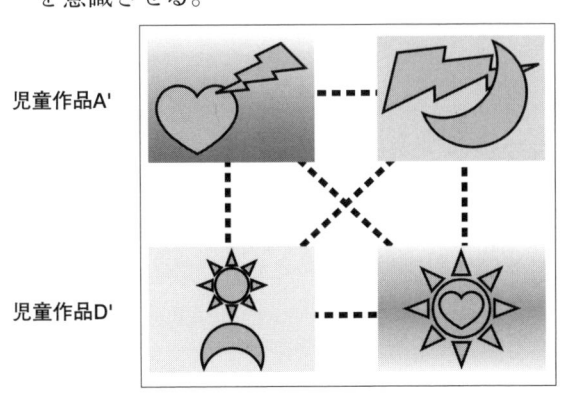

（大久保若葉）

131

展開モデル例④ (中1　国語)

友達の情報を活用する

1．利用した学習ユニット
(2)-4　〈著作権の例－4〉
(3)-2　〈プライバシー保護の例－2〉

2．組み入れ場面
授業の中で交流した友達の意見（意見文）を引用して反対意見を書く場面。

3．情報モラル学習組み入れのポイント
・まずは自分の意見と他人の意見をきちと区別することの大切さを，引用の仕方を通して学習する。
・他人の意見を区別するということは，著作権を考えることにもつながっていることに気づかせる。
・学校新聞に，授業で書いた友達の意見を，友達の許可をとらず引用して載せることについて，プライバシー保護の観点から考えさせる。

4．授業展開の概要

①「中学生に携帯電話は必要か」という題で，200字程度の文章を書く。

↓

②隣り同士で文章を交換する。友達と同じ立場に立ち，友達の書いたものを根拠として，自分の考えを書く。

↓

③どのように友達の意見を取り入れたかを検討し，自分の意見と他人の意見を区別することがなぜ大切なのか，話し合う。著作権についても考える。

↓

④適切な引用の仕方について理解し，先ほど書いたものを書き直す。

↓

⑤自分の書いた文（友達の意見がきちんと引用されている）を，友達の許可をとらずに学校新聞に載せてもいいか，ということについて話し合う。

↓

⑥公刊している本からのものと違い，限られた場を想定した文章については，きちんと引用しても，プライバシー保護の点から許可が必要なことを考えさせる。

（岩間正則）

展開モデル例⑤ (中3　社会)

「まちづくり」の新プランを考えよう！

1. 利用したユニット　　(1)-a-1 〈情報の価値を判断する例－1〉　　(2)-5 〈著作権の例－5〉

2. 組み入れ場面

　自分が生活している「まち」の政治や課題をインターネットを活用して調査し，将来の「まちづくり」プランを提案する。本授業は，授業対象の中学3年生が就職し，結婚して家庭をもつころとなる20年後の「まちづくり」について考える。現在の情報の正しい読み取りから将来の「まち」の様子を考察したり，自分が考えたプランが実現可能であると裏付けるための資料をまとめたりすることで，情報の価値を正しく判断し，的確に処理する力が身につくことをねらいとしている。

3. 情報モラル学習組み入れのポイント

- 行政機関の膨大な資料の中から必要な資料を検索し，調査に必要なものかどうか情報の価値判断をし，取捨選択する。
- 将来を想定した統計資料は，あくまでも予測であるので，情報を鵜呑みにしない。
- 集めた情報を丁寧に処理し，自分の考えを裏付ける資料になるようにまとめる。

4. 授業展開の概要

①地方自治の現状を探る
- 自分が生活している「まち」で不便だと感じたことをあげる。
- 人口・教育・福祉・防災・環境などの項目に分けて考える。
- 自分の生活している地区だけではなく，「まち」全体をとらえるようにする。

②行政機関の資料から必要なものを取捨選択する。
- インターネットを使い，さまざまな項目に関する情報を収集する。

③統計資料を分析する。
- 市町村が発表している統計資料の中から必要な資料を選択し，数字をしっかりと読み取る。現在の「まち」の様子をしっかりと把握する。

④分析した資料から，自分の考えた「まちづくり」プランを考える。
- 人口の増減や財政，土地利用などの資料を読み取り，まちづくりプランを考える。

⑤考えたプランが実現可能かどうか確認する。
- 自分が考えた「まちづくり」プランが，収集した資料で実現可能と裏付けることができるかどうかを検証する。
- さまざまな住民の立場や住民の願いを考えたプランになっているかを検証する。

⑥住民自らが中心になって政治をつくり上げていく大切さを理解する。

（吉村尚記）

展開モデル例⑥（中2　数学）

確率「内閣支持率は正しいのか」（発展学習）

1．利用した学習ユニット　　(1)-a-3　〈情報の価値を判断する例−3〉

2．組み入れ場面
インターネットなどから得られる数値の信頼性について考える場面。

3．情報モラル学習組み入れのポイント
・例えば，「学力低下」などの記事について，母集団が何で，どのような標本か，何について調べたものを比較しているのかを知らずに，いたずらに「学力が低下している」と漠然と思ってしまう。得られた情報についてきちんと理解することが必要である。
・学級新聞などで自分から記事を発信する場面や，学校以外でも，自分でホームページなどを作成する際などに標本調査を行った結果を使用するとしたら，それについてはどのように扱っていくべきだろうか。

4．授業展開の概要

①「内閣支持率」の調査について
　（これに限らず，授業を行う時点において，タイムリーで注目された話題があるとよい）
　新聞を数社分用意し，新聞社による数値の比較をする。
②なぜ数値に違いがあるのかを考えさせる。
　標本の抽出の仕方について知る。
③全数調査・標本調査について知る。
　どのような場合に使われるのかを考える。また，母集団についても知る。
④インターネットなどから得られる数値について考える。
　標本がどのように抽出されたものか，情報を得る必要があることを知る。
　逆に，学級新聞作成等，情報を発信する際には，「％」はよく使う記号である。標本がどのように抽出されたものかを，情報として読み手に提供する必要があるなど，慎重さを求められる。
⑤調査について標本・全数いずれの調査が適しているかを調べる。

（米倉康子）

展開モデル例⑦ (中3　理科)

科学技術とわたしたちの生活

1．利用した学習ユニット　(1)-a-3　〈情報の価値を判断する例－3〉

2．組み入れ場面
- 生活の中における科学技術の利用について。（2時間）
- 今後の科学技術の発展について。（3時間）
- インターネットで検索した情報には，その価値に大きな違いがあることを確認する。

3．情報モラル学習組み入れのポイント
- 本単元に関係する学習指導要領の大項目「科学技術と人間」は，理科に関する知識を多面的・総合的に扱うことができるようになることを目標にしている。
- 「科学技術と人間」に関する授業を構築する際，授業者は，科学・技術・人間，三者の望ましい関係を考慮することが重要である。
- 本単元にとって特徴的である，以上の点に留意して，情報モラルの学習も導入したい。つまり，インターネットによる情報について，個人か行政関係の研究所かといった情報源の違いに加え，悪意や興味本位に満ちた技術情報の提示，成果のみが強調され環境などへの配慮に欠けている情報の提示といった質的な側面への着目も学習ユニットの導入において強調したい。

4．授業展開の概要

| これまでに学習してきた，科学技術の発達が生活に及ぼした恩恵とこれから配慮しなければならない課題を確認する。 |

↓

| 科学技術について自分が調べたい課題を明らかにして探究的な学習を行い，今後の科学技術の発展を予想する。 |

↓　　　組み入れ場面

| 自分が調べた内容をもとに予想を発表し，他者と意見交換を行う。 |

（中田朝夫）

展開モデル例⑧（中1　音楽）

合唱曲をWeb上で探してみよう

1．利用した学習ユニット　　(2)-1　〈著作権の例−1〉

2．組み入れ場面
インターネットで必要な音楽作品を収集する場面。

3．情報モラル学習組み入れのポイント
- 生徒の生活環境にさまざまな音楽が氾濫している現状を考えると，著作権を含む情報モラルの学習は，全員が音楽を学習する小学校・中学校において必ず取り入れたい学習内容である。
- 音楽という「知的財産」を守る著作権について考えることは，音楽を楽しむためには必ず必要なことである。
- インターネット普及率は非常に高く，Webによる音楽配信が急激に増加している。この現状を踏まえ，Web上のさまざまな音楽作品の著作権の保護のあり方から音楽作品の知的財産権全体について考えることは，生徒の日常生活に非常に密接しており，大切な学習内容である。
- 音楽作品という知的財産が，商品としての価値があるという点からも，著作権の保護が必要であるということについて考えることは，とても大切である。

4．授業展開の概要

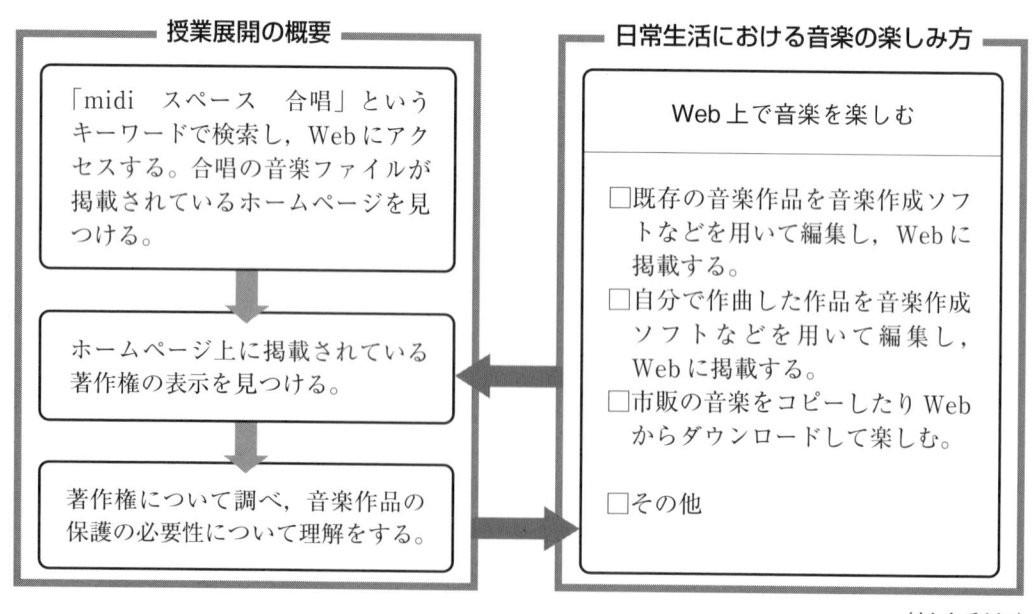

授業展開の概要

- 「midi　スペース　合唱」というキーワードで検索し，Webにアクセスする。合唱の音楽ファイルが掲載されているホームページを見つける。
- ホームページ上に掲載されている著作権の表示を見つける。
- 著作権について調べ，音楽作品の保護の必要性について理解をする。

日常生活における音楽の楽しみ方

Web上で音楽を楽しむ

- □既存の音楽作品を音楽作成ソフトなどを用いて編集し，Webに掲載する。
- □自分で作曲した作品を音楽作成ソフトなどを用いて編集し，Webに掲載する。
- □市販の音楽をコピーしたりWebからダウンロードして楽しむ。
- □その他

（杉山利行）

展開モデル例⑨ (中2・3 美術)

さまざまな技法を使う～コラージュ

1．利用した学習ユニット
　　　　　　　　　　(2)-2　〈著作権の例－2〉
　　　　　　　　　　(3)-1　〈プライバシー保護の例－1〉

2．組み入れ場面
　フォト・コラージュ（デジタル，アナログ問わず）の技法を生かした作品を制作する授業の導入段階などで，素材となる写真の入手や扱いについてふれる場面で組み入れる。

3．情報モラル学習組み入れのポイント
・他人の作品を無断で使ってはいけない理由を明らかにする。
・自作素材を用いる場合の個人情報保護の考え方について明らかにする。
・特にデジタルの作業で問題が多く発生するのはなぜかを明らかにする。
・模写，コピー，引用，パロディーなど作品表現上のさまざまな問題とも関連づける。
　　ゴッホ「日本趣味　雨の橋」など浮世絵関連作品，デュシャン「L.H.O.O.Q.」，赤瀬川原平と「千円札裁判」，森村泰昌の諸作品などを題材として，さまざまなアプローチの仕方が考えられる。

4．授業展開の概要
［技法の紹介］
・コラージュという技法を紹介し，素材として印刷物や写真が活用できることにふれる。
［作品の紹介］
・歴史的に評価されているもの，生徒作品などを紹介する。

・素材（写真）の入手と扱いをめぐるトラブルにふれる。
　（マッド・アマノ，白川義員（よしかず）の間で争われた「パロディー・モンタージュ事件」）
　作品を使われた側の立場，使った側の立場，双方の立場を考えて簡単な意見交換をする。
　　★学習ユニット　(2)-2　〈著作権の保護〉　著作者のもつ「人格権」にもふれる。
・ネット上での人（格）権"侵害"問題につながるケースを紹介する。
　アイ・コラ（アイドルの写真を使ったコラージュ）やそれに類するものの問題。
　　★学習ユニット　(3)-1　〈プライバシーの保護〉
　　　被写体の肖像権や人権にもふれ，自分や友人などを撮影した写真を使用することを想定した場合の問題点や要配慮事項を考えさせる。

［制作活動］
・コラージュなどさまざまな技法を用いた作品制作を行う。

（三浦　匡）

展開モデル例⑩（中学　保健体育）

体　力　測　定

1．利用した学習ユニット　　(3)-3-1　〈プライバシー保護の例－1〉

　保健体育の授業においては，活動そのものが皆から見られることが多い。また，学習ノートやグループノート等を活用しての相互活動が多く実践されている昨今，活動で知りえた仲間の活動状況や個人的なデータなどの活用の仕方について，情報モラルの観点から適宜学習に組み入れ，効果的な取り扱いができるようにしておく必要がある。

2．組み入れ場面

　体力を高める運動における体力測定。

3．情報モラル学習組み入れのポイント

・学習の中で効果的な相互活動を促すために，仲間の個人情報を取り扱うことは必要である。しかしながら，学習を超えた場面での発言や活用について配慮すべき事項であることを理解させる。
・学習ノートを作成する段階で，表紙や裏表紙など，誰からも見えやすい場所に個人データを記入するようなノート（記録用紙）を作成しない。
・個人のデータについて，極力，教師が入力・加工をするべきではあるが，生徒自身が行う場合，適正な取り扱いについて理解させる。
・学習後のまとめや感想などで発言を求めた場合，個人データや仲間のデータを具体的な数値で発言させることのないようにする。

4．授業展開の概要

　測定中の助言やデータの処理を行う場面における組み入れが想定できる。測定前に測定方法の注意と同時に，データの取り扱いについて言及することが大切である。

　仲間の測定結果を周囲に聞こえるような大きな声で言ってみたり，笑ってみたりすることに対する注意はぜひ行いたい。測定をする本来の目的をいかに認識させることができるかが重要なポイントとなろう。

　また，データの蓄積や効果的な活用のための加工（グラフ化等）を行う際にも注意が必要となる。パソコンを活用して個人のデータを蓄積したり，グラフなどに加工したりすることは，さまざまな場面での活用が期待できる。しかしながら，生徒自身で記録をパソコンに入力させたり，データを加工させたりするような学習活動を行うのであるのならば，その取り扱いについて「あくまでも効果的な学習のために取り扱う」のであって，決して他の場面や個人的な会話の中で口にしてはならないことを理解させる必要がある。

　個人カードなどに直接記入させる場面でも，そのカードの作成について配慮が必要と

なろう。はじめから縦軸・横軸に数字の入ったグラフを作成し活用している実践をよく目にするが，個人の結果が上位に位置するのか下位に位置するのかが一目瞭然にわかってしまう。そこで，縦軸・横軸にどのような数値を入れるかは，自己の状況によって，設定を変えられるようにしたい（右図参照）。

　このことによって，グラフを見た瞬間にどの程度の位置にいるのかがわかることもなく，記録用紙を隠しながら記入しているような場面は減少する。さらに，他との比較ではなく，個人の成長に焦点が合ったグラフとなり，活動そのものに価値を見いだすことができるようになる。

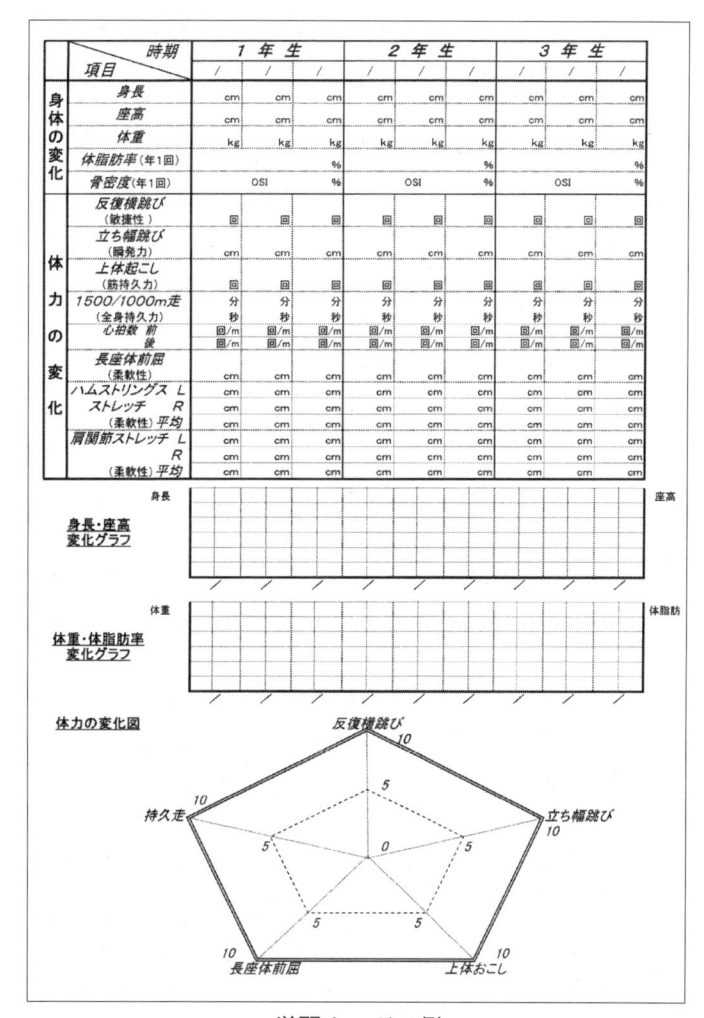

学習カードの例

5．他に考えられる組み入れ場面

- 実技のフォーム等の学習のために記録したＶＴＲやデジタルカメラの画像，フォーム解析機器等の画像の取り扱いについて。
- 保健の学習における課題学習やレポート作成のためのインターネットの使用について。
- 保健の学習における「体の発達」や「性機能の成熟」「性情報の取り扱い」などの学習場面。

（北村一将）

展開モデル例⑪ (中1 技術・家庭)

衣服を買おう
―― 店舗販売と通信販売とを比較しよう ――

1．利用した学習ユニット　(1)-a-1　〈情報の価値を判断する例－1〉

2．組み入れ場面

本授業は，題材「自分らしい着こなしをプロデュース」（9時間扱い）の5・6時間目にあたる。本題材は，衣服の必要性から選択，購入，着用に関する学習を一連の流れに沿い，展開している。前時の衣服の選択に関する学習を踏まえ，実際に購入をする際に気をつけなければならないことを，消費者としての視点から考えるようにしている。

3．情報モラル学習組み入れのポイント

- 衣生活に関する学習のなかに消費生活の項目（多様化する販売方法や情報の選択）を組み入れた。
- 店舗販売と無店舗販売である通信販売のメリットとデメリットとの比較を通して，通信販売に関するトラブル内容について，「なぜこんなことが起こるのか」を考えさせるようにする。
- 衣生活のまとめをしたうえで，さらに消費者として，どう商品情報の信頼性を考えていくかを押さえる。

4．授業展開の概要（2時間扱い）

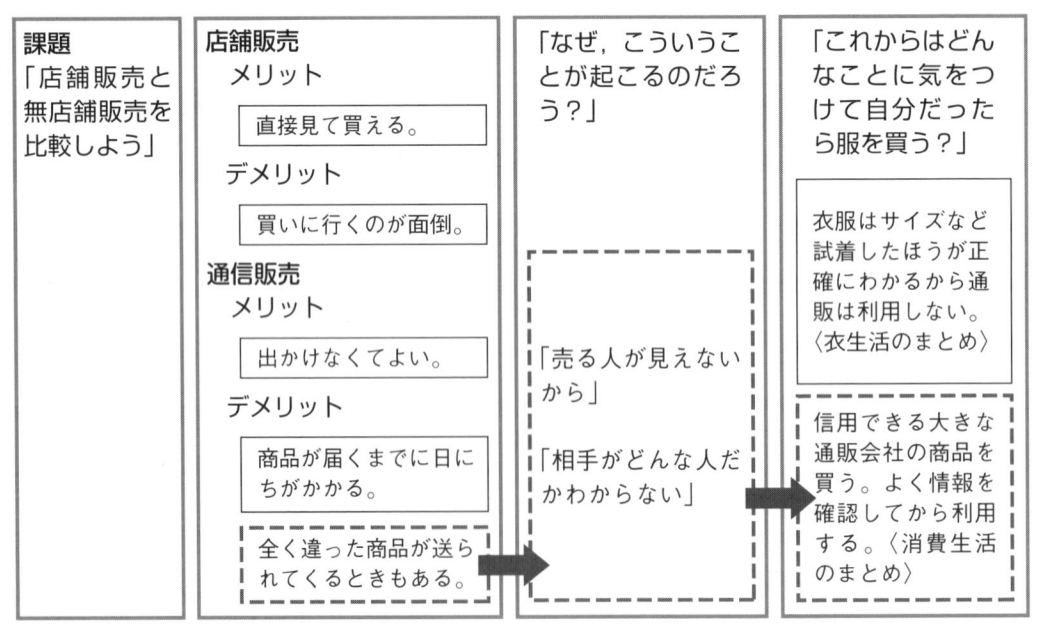

課題	店舗販売／通信販売	「なぜ，こういうことが起こるのだろう？」	「これからはどんなことに気をつけて自分だったら服を買う？」
「店舗販売と無店舗販売を比較しよう」	**店舗販売** メリット：直接見て買える。 デメリット：買いに行くのが面倒。 **通信販売** メリット：出かけなくてよい。 デメリット：商品が届くまでに日にちがかかる。／全く違った商品が送られてくるときもある。	「売る人が見えないから」 「相手がどんな人だかわからない」	衣服はサイズなど試着したほうが正確にわかるから通販は利用しない。〈衣生活のまとめ〉 信用できる大きな通販会社の商品を買う。よく情報を確認してから利用する。〈消費生活のまとめ〉

（北村志津子）

展開モデル例⑫（中2 外国語）

ビデオメッセージ作り

1．利用した学習ユニット
　　　　　　　　　　　　（2）-3 〈著作権の例－3〉
　　　　　　　　　　　　（3）-1 〈プライバシー保護の例－1〉

2．組み入れ場面
　海外の学校との交流を目的として，自分たちの町や学校を紹介するビデオづくりにグループで取り組む。学校外に出て，店舗やそこで働く人々に取材することも含めて，各グループが紹介したい場所をデジタルビデオで撮影しながら英語で説明するのである。これは多くの方の協力や理解を得て成立する活動であり，許可を得る手順を踏むなど自分たちの力で学習をつくり上げるということをねらっている。生徒たちはこれまで，英語を用いて自分のことや身の回りのことを説明・紹介した経験はあるものの，多くの場合，相手は教室内の同級生であった。これまでは情報を受ける側にいた生徒たちが，英語という「道具」を用いて世界中の多くの人たちへ情報を発信する作品を作ることを体験することで，内容を正しく伝える必要性を実感できるだろう。それに伴って生じるさまざまな問題にも気づく機会となれば，自分の言動に責任をもつ態度を育成することにつながると考える。

3．情報モラル学習組み入れのポイント
・自分たちが〔情報の発信源〕になることで，どんなことが伝えられるか，またどんなことまで伝わる可能性・危険性が考えられるか等，最初の授業で全体に投げかける。
・生徒の間で問題意識が低い場合は，教師のほうから身近な例を出し，それと似たことで知っていることを出させて，知識を全体で共有させる。
・自分たちの作品にどのようなかたちで映像を使うのが望ましいか，撮影される側や作品を見る側に立って意見を出させる。その後，修正・編集を経て，よりよい作品を完成させる。

4．授業展開の概要
①「撮影した映像を作品に利用する際，誰に対してどんな配慮が必要だろうか？」という疑問を投げかけ，身近な題材や海外の新聞・雑誌などを活用しながら考えさせる。
（例1）新聞，雑誌に載っている写真の説明として，どんなものが添えられているか。
（例2）テレビで投稿ビデオを放映する場面で，出演者がどんなコメントをしているか。
②「撮影した映像から情報を正確に伝えるには，どんなことに留意すべきか？」を考えさせる。長年語り継がれてきたものや心のこもった作品などに直接ふれた立場で感じたことを，自分の言葉できちんと伝えさせる。感想を述べる場面では，コメントの内容以上に話す人の表情が多くを語るものであることにも注意させたい。

（林　ミカ）

Ⅴ章
技術・家庭
で情報モラルを学ぶ
—— ITの特質に迫る ——

　中学校の技術・家庭科（技術分野「D 情報に関する技術」）は，情報モラルが学習指導要領に示されている唯一の教科である。
　ここで学習する情報モラルの特徴は，次の2点である。
①小学校や中学校で学習した内容を補充・深化・統合させる役目がある。
②科学的な理解に裏打ちされた情報モラルを学習し，情報技術（IT）が進展しても主体的に対応できる力を養う。

1 「情報に関する技術」での情報モラル学習

情報モラルに関した現象に対して,「こうしたことはしないようにしよう」でなく,図20のように,情報モラルに関する現象が変化しても通用する学力を養う指導構成にする。

第一要素 (第一段階) 実践活動での導入
流行の素材を教材にした情報化の影や光に関する実践活動
例) 体験の差に気づかせる活動,体験の思い起こし
シミュレーション,ロールプレイ

↓

第二要素 (第二段階) 話し合いによる共有活動
実践活動で気づいた事柄などを話し合いにより,アナログとデジタルとの差から,なぜ影や光が生じるかを考え,第一要素の実践活動の体験を共有していく活動

↓

第三要素 (第三段階) 特質を学習する活動
共有化された話し合い内容をもとに,情報手段の特質やコンピュータやインターネットで扱う情報の特質を確認して理解していく活動

↓

第四要素 (最終段階) 考え方や態度を育成する活動
情報手段の特質やインターネットやコンピュータで扱う情報の特質を踏まえ,デジタルメディアで生じる「影」の部分を克服し,新たに発生した事態にも積極的に「光」として主体的に対応していける考え方や態度を育てる活動

図20 影を光にする指導要素

○第一要素

第一のポイントは,流行の素材を扱うことである。身近な素材を教材にして,学習への興味・関心を引き出すとともに,流行の現象に対する対症療法的な対策にもなる。

第二のポイントは,実践活動を伴うことである。実感を伴った学習により,バーチャル・架空の現象を体験することにある。

第三のポイントは,紙とコンピュータ,フイルム式カメラとデジタルカメラ,電話とインターネットなどデジタルとアナログの差を扱い,仮想現象を現実に置き換えるようにする。

○第二要素

ここでは,話し合いやまとめからアナログとデジタルとの差に気づかせ,情報手段の

特徴から，なぜ，その差である影が生じるのかを明らかにする。その際，「影」だけでなく，「光」と照らし合わせながら進める。

話し合い活動にする理由は，一対多で学習することにより，閉鎖空間での仮想経験での狭い見方・考え方に多くの意見を取り入れながら健全な方向に修正していくことが大切だと考えるからである。

○第三要素

ここでは，前二要素の活動を学力形成する場面である。情報手段の特徴からデジタルやインターネットの特質を理解し，その特質がなぜ影を生むかを考え，光を生かして積極的に活用していくために，情報の真偽や相手を確認する，相手を確認してクリックする，相手がどう受け取るか考えた表現をする，など基本的な対応方法を養う。

特質が生む影を考えながら，積極的に活用するため，だからどう「すべき」になる。ここでは第一要素の「べき，べからず」が生きてきて，知らずにしたことが，犯罪に加担したり，加害者になるおそれがあることを押さえる。

表7 特質が生む影の例

特質の例	特質が生む影の部分の例
誰もが自由に利用できる。	偽名があり得る，匿名性がある，信頼できる人かが不明。
家に居ながらどの地域のどんな情報でも瞬時に収集できる。	情報の真偽がわからない，玉石混淆，無益有益，善悪，無害有害等の情報が混在している。
双方向性でほぼ同時に顔を見ずに空気を介さずに情報交換できる。	知らない人であれば人柄や情報の背景，知った人であれば現在の感情状況がわからないため，情報の解釈誤解を生んだり，感情を害したりする。
消しゴムを使わずに簡単に修正できる。	相手に気づかれずに簡単に情報が書き換えられる（改ざん），操作ミスで間違って書き換えてしまうおそれがある。
何回でも簡単にコピーできる。	著作権を侵害する，情報を盗まれる。

○第四要素

第三要素で形成されつつある学力をさらに，ふり返りの機能などを生かしながら，定着させ，影を光にしていく力を身につける場面である。

新たな事態が生じたとき，自分で考え，冷静に対応できる力にする。自分で考えてうまい対応が出てこない場合は，周りの人に聞いたり，会社に電話するなど主体的に対応できる問題解決力を養う。

情報教育の核となる技術・家庭科の技術分野「D 情報に関する技術」が担う役目は，情報に関する科学的な理解である。この科学的な理解の裏付けのもとに，「べき，べからず」から抜けきり，主体的に対応できる力にしていくことができる。

第四要素は，実践力が科学的な理解に裏打ちされ，情報環境が変化しても自分で考えて行動できる力にしていく役目がある。

2 「情報モラル」そのものを題材として扱う場合

　この例は，第1節で示した四つの要素である「情報モラルの内容」を核として，「B 情報とコンピュータ」の内容を組み入れて，題材構成するものである。
　特に，第三要素である「コンピュータやインターネットの特質及びそれらを手段とした情報の特質」を強調して内容として扱っていく。
　例えば，「上手な検索方法を探しだそう！　○○（生徒が設定した課題）」を題材にした場合の学習内容の構成例を示していく。

表8　学習の流れを示した指導計画

流れ	実践活動の内容例	情報モラルの内容	科学的な理解の内容
基礎学習	○コンピュータがもつさまざまな機能の実践	○コンピュータの便利さの体験	○実践体験からコンピュータの機能の理解
	○キーワードの選び方等の検索の手順を知る実践	○体験を通して，検索の便利さを知る。	○実践の体験から検索機能があることを知る。
課題設定	○課題解決の学習の流れを説明し，生徒がいつも身近に感じている事柄を，基礎学習の体験をもとに，上手な検索を探す学習の課題として設定する。 ○検索体験が少ない生徒には教師が予め準備した課題を提供する。		
第一要素	○教師が作成した木材の名称を課題とする検索の実践をする。	○検索で起きる問題の予測をする。	○インターネットの仕組みの理解及び検索機能の理解
第二要素	○検索の実践で気づいた現象を電子メールにより生徒間で情報交換する。	○検索で生じる問題点や便利さを把握する。	○電子メールの仕組み（パスワード等を含む）の理解
	○情報交換をもとに，なぜ光や影が生じるかの話し合い	○話し合いをもとに，なぜ光や影が生じるかを考える。	○アナログとデジタルの違いの理解
課題学習	○前時までの学習をもとに，設定した課題の上手な検索方法を試行錯誤しながら探していく実践活動		
第三要素	○コンピュータやインターネットの光と影をシミュレーションで体験する。	○情報の特質から生まれる光と影の内容をシミュレーション体験から知る。	○コンピュータやインターネットを利用した情報の特質の理解
課題学習	○第三要素の学習を踏まえ，上手な検索方法について，さらに検索実践をしながらまとめていく。		
第四要素	○課題のまとめの経過を発表して，望ましい情報の実践方法を考える。	○検索実践から影を克服し光を積極的に生かす方法を考える。	○インターネットやコンピュータで扱う情報のあり方を理解する。
まとめ	○設定した課題をコンピュータで作成し，第四要素で自分が考えたことを加え，「上手な検索方法を探しだそう」のレポートをまとめる。 ○学習をふり返り，まとめとする。		

3 「材料と加工に関する技術」で情報モラルの学習

　Ⅳ章の教科学習の中でユニットとして情報モラルの内容を学習するのとほぼ同じ方式であるが，技術・家庭科の技術分野の違いは，情報モラルの内容が学習指導要領に明確に示されているので，特に，情報の科学的な理解の裏付け学習内容として扱うこととなる。情報の科学的な理解の内容をどう学習に位置づけるかは，本章の「第5節　授業の展開モデル例」で紹介する。

　下記の表9は，「A 材料と加工に関する技術」の題材学習の流れを例にしながら，情報モラルの内容をどうユニットとして組み入れるかの例を示したものである。

　この指導計画例は，「A 材料と加工に関する技術」の学習の流れの中に，無理なく「D 情報に関する技術」の内容を組み込んで題材を構成した例である。

　「A 材料と加工に関する技術」で「D 情報に関する技術」の内容のすべては扱えないので，組み込められる内容以外は，「D 情報に関する技術」を内容とした題材を指導計画に配置する必要がある。

表9　指導計画例

流れ	導入	展開				まとめ
技術とものづくり	生活とものづくりの技術	材料と加工法の研究	設計	部品加工	組み立てと仕上げ	工作機械・電気機器の保守と安全（「B エネルギー変換に関する技術」）	これからの生活と技術
情報とコンピュータ	インターネットを使った調べ学習で，ネットワークと情報収集の学習		設計学習で，図形処理ソフトの学習	作業過程の評価活動で，電子メールの学習，作品紹介のポートフォリオ作成でソフトウェアの機能と情報処理の学習		調べ学習で，「B エネルギー変換に関する技術」と「D 情報に関する技術」の安全の比較の学習	作品紹介と学習のまとめのレポート作成で，ソフトウェアの機能と情報処理の学習
情報モラル	「情報収集」の情報モラルの学習		「情報の信頼性」の情報モラルの学習	生徒間の評価情報の交換過程で，電子メールの「著作権」や「プライバシー」の学習		「アナログとデジタルの違い」からくる情報モラルの学習	「情報発信」時のモラルの学習

　「A 材料と加工に関する技術」（「B エネルギー変換に関する技術」）で「D 情報に関する技術」の内容を融合させた題材構成は，情報の学習を具体的なものづくりの活動と一体化できる利点があるが，技術室にインターネットに接続されたコンピュータを配置するか，技術室とコンピュータ室とが隣り同士にあるなどの施設・設備の制約がある。

4 授業での指導のポイント

（1）ワークノートを準備し活用する

　技術分野「D 情報に関する技術」での情報モラル学習は，コンピュータ操作をしながら，「怖いものには近づかない・触れない」ではなく，なぜ影が生じるかを考え，影を克服しながら積極的に活用していくための考え方や態度を養うため，操作などの実践活動と「なぜ」を考えていく理論活動とを融合させる必要がある。そのためには，操作の試行錯誤過程を記録したり，記録を見ながら考えたり，その考えを書き直したりしながらまとめていく活動が不可欠になる。

　ワークノートには，それぞれの指導要素ごとに，表10の例で示すような機能を設ける。

表10　指導要素ごとのワークノートの例と機能

要素	学習内容	問いかけの例
第一要素	○実践活動の指示 ○操作方法の情報提供 ○実践活動で感じたことや気づいたことの記載を指示	①木材材料の検索サービスを使い練習しよう（検索で間違った情報を真実と思う仕掛けの準備。→展開モデル例①）。 　検索の練習の感想を書こう。 ②インターネットで買い物をしよう（だまされるインターネットショップのシミュレーションの準備）。 　買い物で気づいたことを書こう。
第二要素	○実践活動で気づいたことの話し合い内容のメモ ○話し合いをもとに自分の考えの記載	①友達の感想を聞いてみよう。 　話し合いから，検索で感じたことを書こう。 ②話し合いで出た主な意見を書いてみよう。 　人の意見を参考にして，買い物について感じたことを書こう。
第三要素	○特質の理解 ○特質を踏まえ実践活動の現象がなぜ起きるかの理解の記載	①インターネットやコンピュータの特質をまとめよう。 　特質からなぜ影が起きるか考えよう。 ②インターネットやコンピュータの特質をまとめよう。 　特質からなぜ影や光が起きるか考えよう。
第四要素	○影を克服し，インターネットやコンピュータの積極的な活用方法を考える記載 ○ふり返りからのまとめの記載	①上手な検索方法をまとめよう。 ②上手な買い物の仕方をまとめよう。 ③小題材で学習しない事態を想定した課題を提起し，小題材での学習をふり返り，新たな事態と向き合ったとき，どうするかを考えさせる問いかけをする。 　（いくつかの小題材を学習した後に）

(2) 話し合い活動を組み入れる

　生徒のコンピュータやインターネットの利用経験には，大きな差がある。コンピュータやインターネットにのめり込んでいる生徒や全く無関心で無経験の生徒など，さまざまである。

　情報モラルの内容に関しても，怖い経験をした生徒，不法な金銭要求で被害を受けた生徒，内緒で不法行為をしている生徒がいる反面，一方ではウィニーと聞いてもなんだかわからない生徒などさまざまである。

　そこで，さまざまな体験を出し合い，情報モラルに対していろいろな世界があることやいろいろな考えがあることを知り，話し合い活動を通して，狭い自分，はまっている自分，内緒の行為に引け目を感じている自分を再認識して，最終的には，コンピュータやインターネットの特質を理解したうえで，影や悪を自分自身の力で克服し，コンピュータやインターネットを積極的に活用していけるようにしていく。

　話し合い活動をうまく学習の流れに組み込むことにより，体験しない生徒がしらけることやコンピュータに詳しい生徒を飽きさせないなど，学習に活気をかもしだし，授業がうまく流れるようにする。

個の経験や考えなどを出す場面設定	話し合い活動など集団活動の場面設定	紙面にまとめるなど個の活動の場面設定
個により異なる怖い経験や考えなどを個々が出し合い，情報モラルの世界にはいろいろな出来事や考えがあることを知る。	主題のねらいに沿い，グループや学級単位での話し合いにより，情報や違う考えの共有化を図り，互いに刺激し合う。自分の考えを再認識する。	視野を広げる，違う考えを受け入れ考えを改める，新たな考えを生むなど情報モラルへの対応を考えさせる。
さまざまな個を出す活動	集団で刺激し合う活動	個に収束する活動

図21　話し合い活動の流れ

(3) 体験できる仕掛けを準備する

　展開モデル例①（p.150～152）で紹介する「木材材料の検索サービス」などの仕掛けを準備する。

　それ以外にも，コンピュータやインターネットを利用したプラスやマイナスなどの情報の特質が体験できる仕掛けはいろいろ考えられる。その例を紹介してみる。

○題材名「ネットでフリマをしてみよう」
　①電子掲示板に，商品出品の書き込みをいろんな人にみてもらうよう工夫してのせる。
　②教室内ＬＡＮで他の人が模擬的に書き込む。
　③模擬的な書き込みから，工夫された書き込みかどうかを考え，他の人の書き込みから，商品取引上の問題点を出す。
　④実際の商品取引との違いを考えてみる。

（中村祐治）

5 授業の展開モデル例

展開モデル例①（中1　技術・家庭）

インターネットの情報収集の例
―― 収集した情報の信頼性について考える ――

1．授業の位置づけ
◆**学　　年**　中学1年（2～3年でも可）
◆**場　　所**　コンピュータ教室
◆**利用したソフトウェア**　閲覧ソフトウェアを利用して，木材名称の読みの問題と答えを誘導する仕掛け（「木材材料の検索サービス」）を準備する。

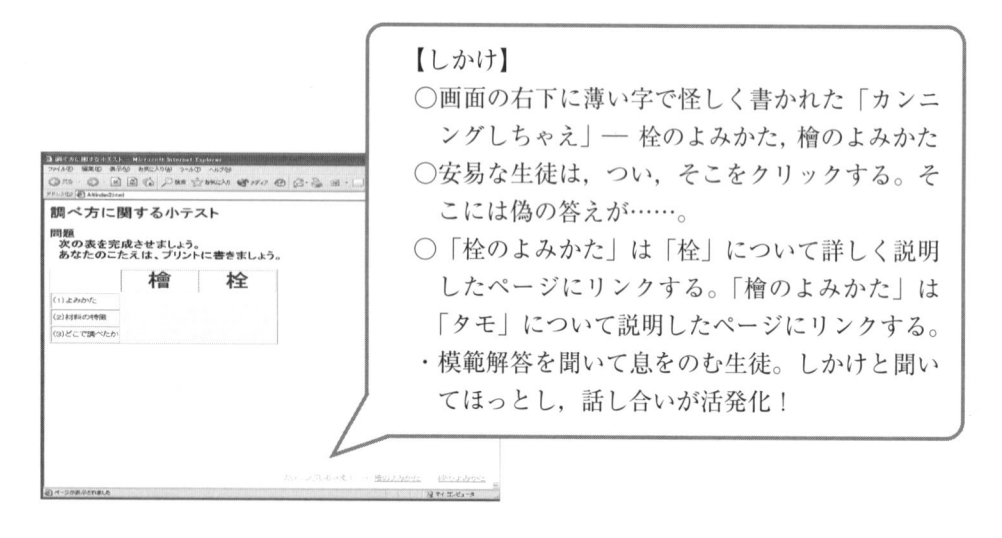

【しかけ】
○画面の右下に薄い字で怪しく書かれた「カンニングしちゃえ」―― 栓のよみかた，檜のよみかた
○安易な生徒は，つい，そこをクリックする。そこには偽の答えが……。
○「栓のよみかた」は「栓」について詳しく説明したページにリンクする。「檜のよみかた」は「タモ」について説明したページにリンクする。
・模範解答を聞いて息をのむ生徒。しかけと聞いてほっとし，話し合いが活発化！

◆**ねらい**　インターネット等でだまされたことがない，怖さを知らない生徒が，実践活動を通して，正しく有効な情報を取捨選択し利用する能力及びデマや誤報を流さないように心がける態度を育てる。

2．授業の展開

◆授業展開のポイント

○前時までに閲覧ブラウザソフトの使い方及び材料に関する調べ学習をしておく。
○「調べ方に関する小テスト」のWebページを作成し，教師用サーバーに保存する。
○「調べ方に関する小テスト」は，檜の読み方をタモとし，タモの特徴を記載するページを作成し，問題のページにリンクをはるものである。
○インターネットには，信じてよい情報と悪い情報とがある特質に気づかせ，情報を素直に信じずに，情報を正しく判断して活用していくよう展開する。

◆授業の流れ

学習活動の様子	指導上の留意点
1．実践活動（テスト10分，答え合わせ5分，感想5分） ①検索エンジンを利用して，栓や檜の読みや特徴を答える。 ②木材の名称の答え合わせ。 ③検索結果の感想を記入後に，途中で「仕掛け」の種明かし。 ④テストを受けての感想をワークシートに記入する。	・長いと仕掛けにかからず，短いと時間が不足する。 ・さまざまな感想が出るように支援する。 ・思いつくことを何でも記入させる。
2．話し合いによる共有活動（10分） ○だまされた，だまされなかったの感想を共有し，班で話し合う。 ・インターネットだから信じてしまった。 ・怪しいと思った。 ・甘い話には罠がある。 ・「カンニングしちゃえ」を信じなくてよかった。	
3．特質を理解する活動（10分） ○話し合い活動を通して，だまされた人の気持ちを理解する。 ・なぜ，だまされたのか。 ・だまされたとき，どんな気持ちだったか。 ・なぜ，信じなかったのか。 ○自分の意見をまとめ，特質を考える。 ・インターネットの「便利・安心・いいところ」と「不便・心配・気をつけたいところ」。 ・コンピュータやインターネットの特質。	・だまされるのはインターネットの仕組みの理解が不十分であることに原因があることに気づかせる。
4．考え方や態度を育成する活動（10分） ○コンピュータやインターネットの利点や欠点を知る。 ・便利だから，欠点を克服して使いたい。 ○コンピュータやインターネットの特質を理解する。 ・双方向性　・瞬時性　・匿名性など。 ○コンピュータやインターネットを活用する方法を考える。 ・今後，どのような点に注意し，活用したいかを考える。	・インターネットの特質を踏まえ，影を克服し積極的に使っていく方法を考えさせる。

3．ワークシート

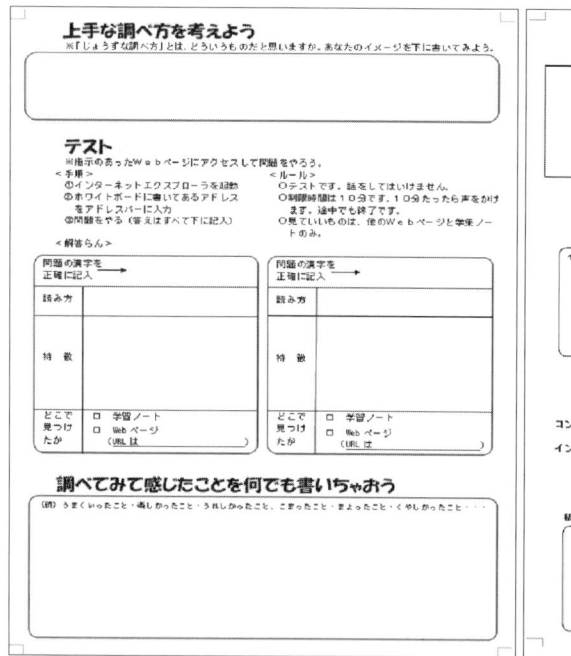

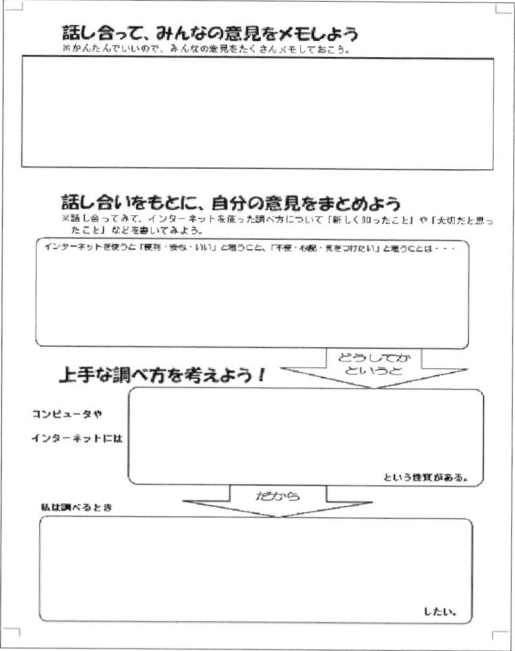

4．生徒の感想

・インターネットは巧みにだますことができる。今後は，調べるとき，複数のサイトを確認するなどして，だまされないように気をつけたい。
・インターネットは簡単にたくさんの情報を得られるが，間違った情報もある。調べるとき，何種類かのサイトを見たり，本を確認したりして判断できるようになりたい。
・コンピュータは善悪を判断できないから，自分で見極められるようになりたい。

（三芳雅彦）

展開モデル例② (中1 技術・家庭)

チェーンメールを素材にネットを通したコミュニケーションを扱う例
── 電子メールを活用したコミュニケーションの便利さと危険について考える ──

1．授業の位置づけ
◆学　年　中学1年
◆場　所　コンピュータ教室
◆利用したソフトウェア　電子メール用ソフトウェア
◆ねらい
　電子メールの一斉送信や転送等の機能を活用すると，効率よくコミュニケーションを取ることができるが，反面，チェーンメールのような悪質な使われ方があることに気づかせ，電子メールを上手に使おうとする態度を育てる。

2．授業の展開
◆授業展開のポイント

> ○電子メールを利用したコミュニケーション方法を実習する。実習中，教師が数人の生徒にチェーンメールを送る。実習で感じたことを話し合いにより，電子メールの特質を踏まえた上手なコミュニケーション法を考える。
> 【教師の送付例】このメールを，5人の人に送ってね！　すると，いま片想いの人はその恋が実るよ。そうじゃない人は，きっと素敵な出会いがあるよ。がんばってね！

◆授業の流れ

学習の流れ	指導上の留意点
1．実践活動での導入（20分）	
電子メールの一斉送信や転送機能を活用しながら互いに情報交換する。活動中に教師がチェーンメールを流し，生徒自身が判断して対応させる。	
○情報交換しながらコミュニケーションを取り合う。 　S：どんなことを書いて，みんなに送ろうかなぁ。 　S：これ送ってきたの，誰〜？ 　（教師からのチェーンメールを受け取り） 　S：このメール，流してもいいんですか？ 　T：どうなんだろうね，自分で考えて。 　S：なんだかメールがいっぱい来たよ。	（事前に一斉送信や転送機能を学習しておく） ○教師はチェーンメールを流す。 ○流すかどうかの判断は生徒に任せる。

○ある程度の時間が経ったところで活動を止め，ワークシートに感想を書かせる。	○落ち着いた雰囲気で書かせる。
２．話し合いによる共有活動（15分）	
互いの感じたことの違いをグループで出し合い，人による感じ方の違いを共有する。	
○お互いに電子メールを送り合った感想を話し合う。 　Ｓ：チェーンメール，送りそうになっちゃった。 　Ｓ：簡単に，チェーンメールが送れてびっくりした。 　Ｓ：ウィルスが送られてくることもあるんだよね？ 　Ｓ：それじゃあ使わないほうがいいじゃん。 　Ｓ：でも，手紙とちがって一度にいろんな人に送れて便利だったよ。	○他の情報伝達手段と比較しながら，電子メールの特質に気づかせるような話し合いにする。
○話し合いが終わったら，感じたことをまとめて書かせる。	○ワークシートに書く。
３．電子メールの特質を学習する活動（5分）	
話し合い活動の結果を踏まえ，他の情報伝達手段と比較しながら，電子メールの特質を理解させる。	
〈特質に関する生徒の記述例〉 　・メールは一度にたくさん送ることができる。 　・メールでは相手がわからない場合がある。 　・同じものがいくつも複製できる。	○特質の理解が難しい場合は手紙や電話の具体例を出して考えさせる。
４．考え方や態度を育成する活動（10分）	
電子メールの特質を踏まえ，今後どう電子メールを活用していくのかを考えさせる。	
〈今後の活用に関する生徒の記述例〉 ・見知らぬ怪しいメールが来たら，ヘッダを確認したい。 ・ちゃんと自分の名前を名乗って，疑われないようにしたい。 ・部活の連絡にメールの一斉発信機能を使っていきたい。	○ワークシートに記述させる。 ○最後に，記述内容をいくつか発表してもよい。

3．ワークシート

(ワークシート画像：「電子メールの上手な使い方を見つけよう」)

4．授業を行った感想

　事前に電子メールの利用法を学習する必要があるが，生徒は電子メールに対する自分なりの考え方をもつことができた。

　従来は「ねらいを押さえられるのだろうか？」という不安から「チェーンメールは送ってはいけないよ」という利用法の指導が中心であった。本指導構成の授業展開では，特質を理解したうえで正しい使い方がわかった。授業のまとめでねらいを押さえるには，まとめの記述をしているときに，机間指導で取り上げたい意見をピックアップして最後に紹介する。

(小倉　修)

展開モデル例③ (中1 技術・家庭)

電子掲示板を使いながら匿名性を扱う例
―― 電子掲示板を活用して情報モラルを考える ――

1．授業の位置づけ
◆**学　年**　中学1年（2～3年でも可）
◆**場　所**　コンピュータ教室
◆**利用したソフトウェア**　閲覧ブラウザソフトウェア
◆**ねらい**　電子掲示板は，見知らぬ人と情報交換などができるが，匿名性により，誹謗中傷から問題が発生したり，犯罪につながる危険性もはらんでいる。そこで，電子掲示板の特質を理解し，便利な機能を正しく効果的に活用する態度を育てる。

2．授業の展開
◆**授業展開のポイント**

○事前にものづくりで制作した作品について，生徒同士で相互評価をしておく。
○活動中，教師が不適切な内容を発信し，揺さぶる。この発言につられ，授業とは関係のない内容の掲示板への書き込みが予測される。調子に乗ってそれに参加する者もいるが，不快に感じる者もいるので，話し合いを通して双方の感想を引き出す。
　＊作品の誹謗中傷に発展しそうな場合は，教育的配慮から活動を打ち切ったほうがよい。
【不適切な発言の例】ねえねえ，ところで今日の（ドラマの名前）どうなるかな？　そっちの情報交換をしようよ！

◆**授業の流れ**

学習の流れ	指導上の留意点
1．実践活動での導入（20分）	
匿名の電子掲示板を利用し，作品を評価する活動中に，教師が不適切な発言を書き込み，生徒に自分で判断し対応させる。	
○電子掲示板を利用した作品について意見交換する 　S：これ，こんなところいいよねえ。 　S：あれ，この発言何かな？（不適切な書き込みを見て） 　S：誰が書いたの？これ。 　T：本当だ。（それ以上何もいわない） 　S：（誰が書いたかわからないし，便乗しちゃえ！）	○利用法の最低限の注意事項を押さえる。 ○不適切発言を発信する。

○体験をし終わったところで活動を止め，ワークシートに感想を書く。	○落ち着いた雰囲気で書かせる。

2．話し合いによる共有活動（20分）

電子掲示板を利用した感想をグループで話し合う。他の人と感じたことの違いや，他の情報伝達手段と比較させて考えさせる。

S：わたしも変な書き込みにつられて脇道にそれたよ。 S：なんか，名前が出ないし，先生が見なければ簡単に関係ないことが書き込めてしまうんだよね。 S：あの変な意見を書いたのが先生と気づかなかった。 S：皆の意見がいっぺんに見れて便利だったよ。 S：それを見ながら考えて書き込めるし，いろいろな情報を比べて書き込めるのは便利だね。 ○話し合いが終わったら，感じたことをまとめる。	○不適切発言の発信の種明かしをする。 ○特質が出るような話し合いにする。 ○よかった点，悪かった点が出るよう進める。 ○ワークシートに書かせる。

3．インターネットの特質を学習する活動（5分）

話し合い活動の結果から，電子掲示板の特質を理解させる。

〈特質に関する生徒の記述例〉 ・電子掲示板は一度にたくさんの人の意見を見ることができて，便利。比較ができる。 ・いつでも誰でも書き込むことができる。 ・自分が誰だかばれない安心感があって，考えずに何でも書き込んでしまいそうな気がする。 ・書き込んでいる人が誰だかわからず怖い。	○考えるのが難しい生徒には黒板や通常の掲示板と比較させて考えさせる。

4．考え方や態度を育成する活動（10分）

電子掲示板の特質を踏まえ，今後どう電子掲示板を活用していくのかを考えさせる。

〈今後の活用に関する生徒の記述例〉 ・大変便利なので，ルールを守ってうまく活用したい。 ・書き込む文章をちゃんと考えて使いたい。 ・いろんな人が見ていることを考えて使っていきたい。	○ワークシートに記述。 ○記述例を発表してもよい。

3．ワークシート

（ワークシート「掲示板で情報交換をしてみよう」：【1】「掲示板」で話し合いをしてみよう、【2】みんなの考えを聞いてみよう、【3】どうしてだろう？、【4】自分の考えをまとめよう、【5】「電子掲示板」の上手な使い方を考えてみよう）

4．授業を行った感想

　本授業では，「他人に顔を見られない＝誰だかわからない」という「匿名性」の特徴が「罪悪感の希薄化」につながっていることに生徒はあらためて気づくことができたようだ。

　その一方で，お互いの意見を見比べながら書き込みができる，自分の意見に対してさまざまな人が反応し意見を返してくれる，という便利な点を再認識でき，電子掲示板をうまく活用したいという意欲もあらわれた。

　さらに，生徒同士で，電子掲示板やそれ以外のコンピュータを使った情報交換におけるルール作りができるようになると，授業がさらに深まることが予想できる。

（渡邊茂一）

展開モデル例④ （中1～3　技術・家庭）

卓上ボール盤の安全な利用の場面で，インターネットの安全を扱う例
—— 「技術とものづくり」で情報モラルをユニットとして扱う ——

1．授業の位置づけ
◆**学　年**　中学1～3年
◆**場　所**　技術室
◆**場　面**　「工作機械・電気機器の保守と安全」の学習
　　　　　　保守や点検を学習する場面で，インターネット利用時の安全にふれる。
◆**ねらい**　ものづくりでの実体験とインターネットでの仮想体験の安全を対比させることで，安全への関心や意識を高める。

2．授業の展開
◆**授業展開のポイント**

> ○ものづくりの学習活動で，情報モラルの内容をユニットとして扱い，コンピュータの特徴に気づかせる。
> ○工作機械は，目・耳・肌などの感覚を通して危険を感知することができる。一方，コンピュータは，デジタル化されて画面に表示された情報をもとに判断しなくてはならないため，危険を感知するのは難しく，無防備にクリックしてしまうことがある。ものづくり（実世界）とインターネット（仮想世界）との対比を通して，コンピュータの特徴を科学的に理解させる。

◆**授業場面例**

　卓上ボール盤の保守・点検について学習する場面で，生徒とのやりとりに，インターネット利用の話題を加える。太枠で囲んだ部分が，ユニットの例。

教師の働きかけ例	生徒の反応例
T：卓上ボール盤が動かなくなったら，どうしたらいいかな。	S：ふたを開けて，Vベルトがゆるんでいないか確かめればいいんだよ。 S：でも，直接触ったらあぶないわ。
T：異常がある場所を，どうやって見つければいいかな。	S：焦げ臭いかとか，へんな音がするかとか，ベルトがゆるんでいないかとか…
T：工具や機器は，目で見たり，音を聴いたり，匂いをかいだり，肌で感じたりして，異常がないか，安全かど	S：壊れそうなときは，なんとなく「こわれそうだな」って感じがする。 S：なんか怖いって思うよね。

	うかを点検できそうだね。
T：ところで，インターネットを使うときは，異常がないかとか，安全かとか，確かめながら使ってる？	S：機械と違って，インターネットは危なくないよ。けがもしないし。 S：画面にこわい映像が出てきても，実際に起こるわけじゃないから，平気だよ。
T：危険なサイトを開いてしまうなんてことはない？	S：そういう危険だったら，自分も経験ある。軽くクリックしたら，すごい金額を請求された。 S：だって，危ないかどうか，怪しいかなんて，画面を見てもわからないよ。
T：インターネットは，画面内容を見て，安全かどうか確かめられるかな。危険な予感を感じるのは，工具や機器に比べると難しそうだね。 T：なぜ，このような違いがあるのだろう。	S：コンピュータは，機械が処理するから，みんな同じような画面に見えてしまうんじゃないかな。 S：そうよ。匂いもしないし，何でも正しいように見えてしまうから，すぐに信じちゃうと思う。
T：コンピュータは情報を数値で処理するから，誰が利用しても，同じような結果が出る。だから，自分が安全だと思い込んでいると，どれも安全に見えてしまう。 T：インターネットを使うとき，安全に利用するにはどうしたらいい？	S：インターネットを使うときは，これをクリックしたらどうなるか？って考えながら使ったほうがよさそうだな。 S：安全かどうか確かめながら使ったほうがいいのは，インターネットも，機械を使うときと同じなのね。 S：機械の危険と，インターネットの危険は少し意味が違うけど，どちらも注意する必要はありそうだ。

3．卓上ボール盤の他に，安全の話題（ユニット）を組み込める例

社会で起こっている技術的な事故や生徒の生活から拾った話題を扱う場面で，コンピュータやインターネットの安全に結びつけるとよい。

T：「エレベーターに人が挟まれるという事故が発生した。なぜか？」
S：「ドアの開閉やエレベーターの動きを制御するコンピュータが故障したのかな」
S：「コンピュータって，故障するとこわいね」
S：「でもそれを作ったのは人間だよ。安全なものを作らないと危険はなくならない」
S：「事故があったって聞けば，自分が使うときに『大丈夫かな』って確かめるよ」
T：「インターネットも，人が作ったものだが」
S：「インターネットだと，危険かどうか，あまり確かめようとしないな」
S：「エレベーターみたいに，使う人も作る人も，安全を考えるのが大切なんだ」

（尾﨑　誠）

編者・執筆者一覧

【編　者】

中 村 祐 治	元横浜国立大学
吉 澤 良 保	東京純心女子大学
篠 原 正 敏	神奈川県大和市教育委員会教育研究所
中 田 朝 夫	横浜国立大学教育人間科学部附属鎌倉中学校
三 浦 匡	横浜国立大学教育人間科学部附属横浜中学校

【執筆者】(執筆順)

中 村 祐 治	上掲
篠 原 正 敏	上掲
吉 澤 良 保	上掲
尾 﨑 誠	横浜国立大学教育人間科学部附属鎌倉中学校
阪 田 幸 治	元横浜国立大学大学院
小 林 美 紀	神奈川県大和市立大和東小学校
馬 場 智 志	神奈川県大和市立北大和小学校
佐 久 間 厚	神奈川県大和市立草柳小学校
郷 志 帆	横浜国立大学教育人間科学部附属鎌倉中学校
田 頭 裕	東京都西東京市立向台小学校
三 浦 匡	上掲
川 口 信 雄	神奈川県横浜市立保土ヶ谷中学校
田 中 光 夫	埼玉県江南町立江南南小学校
大 久 保 若 葉	神奈川県大和市立桜丘小学校
岩 間 正 則	横浜国立大学教育人間科学部附属横浜中学校
吉 村 尚 記	横浜国立大学教育人間科学部附属鎌倉中学校
米 倉 康 子	横浜国立大学教育人間科学部附属鎌倉中学校
中 田 朝 夫	上掲
杉 山 利 行	横浜国立大学教育人間科学部附属横浜中学校
北 村 一 将	横浜国立大学教育人間科学部附属鎌倉中学校
北 村 志 津 子	埼玉県入間市立東町中学校
林 ミ カ	横浜国立大学教育人間科学部附属鎌倉中学校
三 芳 雅 彦	埼玉県入間市立野田中学校
小 倉 修	神奈川県逗子市立逗子中学校
渡 邊 茂 一	神奈川県相模原市立上溝中学校

日常の授業で学ぶ 情報モラル

2007年4月9日　初版第1刷発行
2011年1月27日　初版第2刷発行

編　者	中村 祐治
	吉澤 良保　篠原 正敏
	中田 朝夫　三浦　匡
発行者	小林 一光
発行所	教育出版株式会社

〒101-0051　東京都千代田区神田神保町2－10
電話 03-3238-6965　振替 00190-1-107340

ⓒY.Nakamura　2007
Printed in Japan
落丁本・乱丁本はお取替えいたします。

組版　教育出版DTP室
印刷　モリモト印刷
製本　上島製本

ISBN978-4-316-80201-5 C3037